KB252847

# 딱1년만미쳐라

# 딱 1년만 미쳐라

평생을 갇혀 있을 것인가, 1년의 몰입으로 깨어날 것인가

리치파카(강연주) 지음

모티브

한 사람의 인생을 변화시키는 데에는 어느 정도의 시간이 필요할까? 5년? 아니면 10년? 누군가가 그런 질문을 할 때마다 나는 자신 있게 말한다. '딱 1년이면 충분하다'라고. 1년간의 담금질은 한 사람의 정체성을 변화시키기에 충분하고, 그 이후의 변화는 연쇄작용으로 자동으로 이어지기 때문이다. 마치 눈덩이가 구르면서 계속 불어나는 스노우볼 효과와 같이 말이다. 1년간 무언가에 미치는 기간은 멈춰있던 눈덩이를 움직이게 만드는 과정이다. 1년간의 개조를 통해 새로 거듭난 사람은 이전의 상태로 돌아갈 수 없을 정도로 변해 있을 것이고, 그 변화는 마치 자석처럼 또 다른 성장을 끌어당기며 더 높은 지점을 향해 내달릴 것이다.

내 삶을 통틀어 가장 미친 듯이 살았을 때는 단연 2022년 '전역 준비'를 하던 때이다. 성공적인 전역준비를 통해 멋진 인생 2라운드를 맞이하고 싶었기에 그 누구보다도 간절했다. 매일 새벽 4시 30분에 일어나 앞서나간 이들의 책을 읽었고, 잠이 드는 그 순간까지 어떻게 해서든 이를 실행하기 위해 몸부림쳤다. 그러나 마음이 너무 간절했던 탓일까? 늘 4~5시간밖에 잠을 자지 못했고, 그마저도 쫓기는 꿈을 꾸기 일쑤였다. 하지만 그때의 잠은 그 어떤 때보다 달콤했다. 피곤하고 정신이 해이해질 때면, 날카롭게 선 칼을 책상 한 편에 두고 공부를 하기도 했다. 나태해지지 말고 정신을 바짝 차리자는 의지의 표현이었다. 지금 하지 않으면 안 될 것 같았고, 이렇게 하지 않으면 평생 제자리에 머무를 것만 같았다.

(좌) SNS 초창기 사진, (우) 현재 SNS 사진

그렇게 1년간 미친 노력을 하고 나는 달라졌다. 당시 SNS를 통해 책을 읽고 실행한 모든 과정을 세상에 공유했는데, SNS와

는 거리가 너무나도 멀었던 내가 불과 9개월 만에 2만 팔로워와 함께 하게 되었고, 출판사로부터 출간 제안을 받기도 했다. 그리고 현재는 16만 명이 넘는 팔로워들이 내 콘텐츠를 봐주고 있고, 작가로서의 삶을 살아가고 있다.

전에는 무언가를 할 때 '과연 될까?', '한 번 해볼까?'정도의 생각을 가지고 있었다면, 이제는 '세상에는 안 되는 게 없다', '무엇이든 반드시 해낸다'라는 스스로에 대한 확신이 생겼다. 무엇보다 눈빛에 생기가 돌았고, 세상이 공포의 대상이 아닌, 내가 마음껏 뛰어놀 무대처럼 느껴졌다.

3년이 더 지난 지금, 나는 어느새 그토록 진심을 쏟았던 자기계발을 업으로 하며 살아가고 있다. 베스트셀러 작가가 되어 강연을 다니고, 자기계발 브랜드 대표가 되어 제품을 통해 고객들을 만난다. 또한 20만 명의 팔로워, 구독자가 나와 함께하고 있고, 1,000명이 넘는 카카오톡 커뮤니티를 통해 그들과 함께 매일 새벽을 연다. 미친듯이 살았던 당시의 1년이 새로운 나를 만들어주었고, 새롭게 태어난 나는 전에 꿈으로만 그리던 일들을 하며 살아가고 있다.

나는 이 책을 통해 내가 직접 통과했던 변화의 길을 독자들에게 제시하고자 한다. 그것은 각성, 결단, 몰입, 탈피라는 네 단계의 과정이다.

- 각성(覺醒) : 정신을 차리고 나의 현 위치를 직시하고 깨닫는 단계다.
- 결단(決斷) : 미치기 위해 반드시 버려야 할 것들을 끊어내는 단계다.
- 몰입(沒入) : 폭발적인 성장을 위해 정신을 집중하고, 은둔의 시간을 견뎌내는 단계다.
- 탈피(脫皮) : 낡은 껍질을 벗어내고 이전과는 완전히 다른 존재로 거듭나는 단계다.

이 책안에서 당신은 용기와 위로도 얻겠지만, 때로는 차가운 직언을 마주할 것이다. 그 조언들은 당신에게 익숙한 길을 벗어나라고 요구할 것이며, 그 요구는 때때로 불편하게 다가올지도 모른다.

하지만 내가 건네는 메시지는 독자들을 차디찬 바닥으로 떠미는 것이 아니다. 되레 내가 겪은 경험과 깨달은 교훈을 통해, 더 따뜻한 곳으로 안내하는 손길일 것이다. 달콤한 위로는 잠시 고통을 잊게 해주지만 현실에 안주하게 만들고, 쓰디쓴 조언은 일시적으로는 불편하지만 멈춰 있던 엔진에 동력을 주는 기폭제가 되기도 한다. 즉, 때로는 나를 감싸는 부드러운 격려보다 현실을 직시하게 만드는 차가운 일침이 필요하다는 것이다.

때로는 차갑고, 때로는 쓰라릴 이 책과의 여정에서 부디 손을 놓지 않기를 바란다. 1년이라는 시간은 짧다면 짧지만, 한 사람의 인생을 바꾸기에 충분한 시간이다. 혼자라면 막막하고 두렵겠지만, 내가 그 여정을 함께 할 것이다. 마지막 페이지를 덮는 순간 당신은 내가 경험했던 변화를 간접적으로나마 체험하게 될 것이다.

이 책을 집어 든 이후의 1년이, 당신 인생에서 가장 빛나는 시기이자 뜨거운 시기가 되기를 진심으로 바란다. 자, 이제 시작하자. 기존의 낡은 껍질을 벗겨내고 새로운 존재로 거듭날 그 뜨거운 담금질을.

# CONTENTS

 PART 1

## 각성 : 잠에서 깨어나라

## PART 2 결단 : 미치기 위해 반드시 버려야할 것들

## PART 3 몰입 : 폭발적인 성장을 위한 은둔

# PART 4 탈피 : 완전히 다른 존재로 거듭나라

: 잠에서 깨어나라

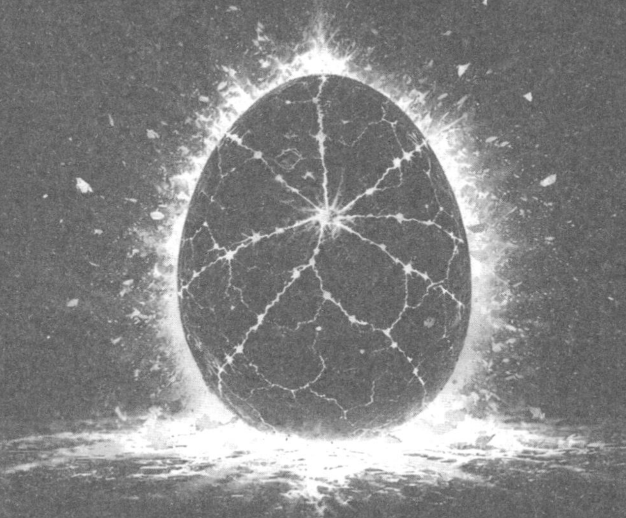

# 覺醒
## 각성

---

覺 깨달을 각 : 모르던 것을 알아차리다

醒 깰 성 : 잠에서 깨어나다, 취기가 사라지다

---

각성은, 잠에서 깨듯, 이전과는 다른 상태로
의식이 전환되는 것을 말한다.

✳ ✳ ✳

이 책은 각성이라는 단어로 출발한다. 내가 이 책 《딱 1년만 미쳐라》에서 전하고 싶은 각성의 의미는 단순히 '현실을 직시하라'가 아니다. 잠에서 깨어나는 것, 기존의 모습을 명확히 인식하는 것을 넘어 새로운 모습을 꿈꾸는 것까지를 포함한다.

많은 사람은 생각보다 오랫동안 잠든 채로 산다. 여기에서 잠든다는 것은, 수면을 취하고 있는 게 아니라 **꿈을 꾸지 않는 것**을 말한다. 가슴 뛰는 일을 찾지 않고, 자신에게 질문을 던지지 않으며, 끌려가는 삶을 살아가는 것을 말한다. 살아는 있지만 살아 있는 것 같지 않은 상태. 하루는 흘러가는데, 나는 그 하루를 붙잡아 살지 못하는 상태. 바쁜데도 비어 있고, 열심히 사는데도 불안한 상태. 이것이 내가 말하는 '잠들어 있는 삶'이다.

사람들은 잠에서 깨어나기 위해 자기계발을 시작한다. 새벽 기상에 도전하고 책을 읽어 보고 운동을 하기도 한다. 그런데도 어느 순간 다시 제자리로 돌아온다. 이유는 간단하다. 자기계발 이전에 먼저 해야 할 것이 있는데 대부분 그것을 건너뛰기 때문이다.

그것이 각성이다.

각성은 왠지 모르게 불편하다. 그냥 아무 생각 없이 살던 대로 살면 편할 텐데 각성은 마음 한 편에 불편함을 주고, 때로는 아프게 하기도 한다. 하지만 그 아픔은 우리를 망가뜨리는 고통이 아니라 우리를 살리는 일시적인 통증이다. 병원에서도 몸을 진찰하고 치료하는 과정에서는 불편하고 아프지만, 결국 이것이 우리를 더 잘 살게 만들어주지 않는가. 잠에서 깼을 때 눈이 부신 것처럼, 각성은 잠깐 불편하고 불쾌할 수 있다. 그러나 그 불쾌감이 사라지면 그 뒤에는 현실을 직시하는 냉정함이 남는다. 그리고 이는 나의 현주소를 알게 해 어느 방향으로 나아갈지 인도하는 길잡이가 되어 준다.

솔직히 말하자면 나 역시 오랫동안 잠든 채로 살았다. 나름대로 열심히 살아간다고 생각하기도 했지만 꿈을 꾸지 못했다.

꿈을 꾸지 못했던 이유는 단순했다. 현실에 쫓겼기 때문이고, 주변과 외부의 환경이 이 길을 내 길이라고 단정 짓는 대로 끌려가고 있었기 때문이다. 그러다 문득 이런 의문이 들었다. 왜 대부분의 사람들은 정답지를 강요받은 채 살아갈까? 그리고 그 정답은 도대체 누가 정의한 걸까? 왜 꼭 좋은 대학에 가서 좋은 직장에 취업하는 것을 인생의 정답이라고 여기고, 공무원처럼 안정적인 직장을 얻으면 그게 최고라고 생각할까? 왜 도대체 '나'라는 주체성은 빠져 있을까? 그 순간 머릿속에 무언가가 스쳤고, 나는 각성했다. 그리고 세상이 정해 놓은 길대로 걸어가지 않기로 한 것이다.

각성하라는 말은 깨닫고 더 노력하라는 말이 아니다. 지금까지 나태했다고, 문제가 있었다고 꾸짖는 말은 더더욱 아니다. 각성은 '이제 깨어나라'는 말이다. 자신에게 '나는 지금 어디에 있는가?', '내 삶의 방향은 어디이며, 어디로 가고 있는가?'라고 질문을 던지며 가슴 뛰는 삶을 살아가라는 것이다. 이 질문에 대해 받아들이고 고민하는 순간 각성은 시작된다.

각성 파트에서 내가 독자들에게 바라는 바는 딱 세 가지다.

### 첫 번째, 감정을 내려놓고 인식하기

감정은 현실을 왜곡하기도 한다. 특히 불안, 두려움, 죄책감, 열등감 같은 감정은 우리가 어디에 서 있는지를 알려주기보다는 우리를 그 자리에 붙잡아 둔다. '지금 이 정도면 괜찮지 않을까?', '괜히 움직였다가 더 망하면 어쩌지?'라는 질문들은 변명을 만들어 스스로의 방어 기제로 작용한다. 그러나 각성은 나의 현 상태를 있는 그대로 냉정하게 바라보는 것으로 시작된다. 병원에서 의사가 환자의 상태를 진단하고 치료할 때, '객관성'보다 환자의 불안이나 두려움에 휘둘리고 속상해만 한다면 어떻겠는가. 만약 이것이 정 어렵다면 나를 3인칭으로 바라보는 연습을 하라. 마치 영화 속 주인공을 관찰하는 평론가처럼 나를 위에서 바라보는 것이다. '나'라는 주관적인 애착을 버리면, 그동안 보이지 않던 것들이 선명하게 드러날 것이다.

### 두 번째, 위치 확인에서 비교는 내려놓기

사람들은 늘 남과 비교한다. SNS에서 남의 성공을 보고 무너지기도 하고, 박탈감을 느끼기도 한다. 비교는 마음을 자극하긴 하지만 방향을 제시해주지는 않는다. 반복되는 비교는 불안을 키우고 자책을 낳는다. 각성은 남보다 얼마나 뒤처졌는지가 아니라 '내가 원하는 삶'이 어떤 삶이고, 오늘의 나는 과거의 나에 비해 얼마만큼 나아갔는지를 점검해보는 것이다. 각성을 한 이후에 타인과의 비교란 없다. 오로지 나 자신과의 비교만 있을 뿐.

### 세 번째, 선택을 믿기

반복해서 강조하지만 각성의 목적은 나의 위치를 깨닫고 어디로 갈지를 정하는 것이다. 이때 반드시 필요한 게 '내 삶은 내가 원하는 대로 흐른다'는 것을 깨닫는 것이다. 나에 대한 의심으로 가득 찬 상태에서는 결코 방향을 정할 수 없다. 목표를 정하는 상황에서 의심이 만연하다면 목표를 정할 수 없게 되거나 계속해서 하향 설정하게 되지 않겠는가. 사람은 어떤 자아 이미지를 만드느냐에 따라 그 인생이 정해진다고 한다. 그러니 각성의 시기에 스스로를 절대 의심하지 말라.

각성의 과정에서 자신의 선택을 믿는 단계가 빠진다면 언제든 무너질 수 있는 모래성을 쌓는 것과 같다. 기초가 약하면 아무리 높이 쌓아 올린들 작은 파도에도 무너지기 마련이다. 반대로 이 단단한 각성의 토대 위에 성을 쌓는다면 흔들리지 않고 올곧게 나아갈 수 있을 것이다.

　　이제 당신은 자신과 정면으로 마주해야 한다. 그 과정이 불편하고 때로는 외면하고 싶겠지만, 그 불편함이 우리를 깨우는 소리임을 기억하자. 이제 남들이 등 떠밀어 만든 답안지가 아닌, 내가 직접 써 내려갈 인생의 답안지를 만들 시간이다. 자 그럼, 각성 파트와 함께 변화의 시작으로 들어서보자.

# 1

# 변화의
# 시작

나는 각성을 '거창한 깨달음'이라고 생각하지 않는다. 여행지에 가면 지도 맵에 현위치가 표시되듯, 내 위치를 깨닫는 것이다. 어쩌면 별거 아닌 이 행동이 놀라울만큼 인생에 큰 변화를 가져다준다.

내가 처음으로 각성했던 건 이십대 중반이었다. 장교 생활 3년 차. 겉으로는 안정된 직업이었다. 월급은 꼬박꼬박 나왔고 매달 적금도 들었다. 성실히 군생활을 했고 돈도 차곡차곡 모았다. 그런데 내 통장 잔고는 500만 원이 채 되지 않았다. 얼마 전, 형과 함께 집안 빚 2,000만 원을 갚았기 때문이다. 나는 혼자 잘 먹고 잘 살면 되는 삶이 아니라 집안을 도와야 하는 삶을 살고 있었다.

지금 와서 생각해보면 2,000만 원은 엄청나게 큰돈이 아니지만 당시에는 달랐다. 그 돈은 단순히 '2,000만 원'이 아니라 내 인생의 **부담이자 압박**이었다. 한달 한달 모은 돈이 집안의 빚으로 빠져나간다는 부담이 있었고 나아가 그것이 언제 끝날지 모른다는 것이 큰 두려움이었다.

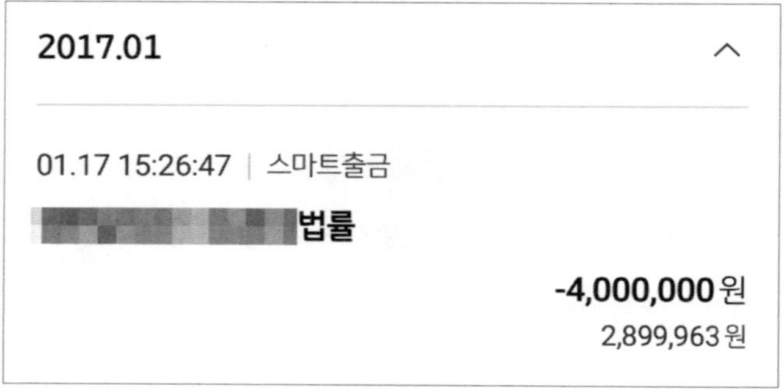


멘탈적으로 더 크게 흔들린 사건이 있었다. 그건 바로 집안의 집 문제로 인해 변호사를 선임해야 하는 상황까지 갔던 일이었다. 변호사를 선임한다는 건 낯선 일이기도 했지만 무엇보다 선임 비용이 가장 큰 부담으로 다가왔다. 당시 변호사 선임 비용은 400만 원이었는데 얼마 전 적금을 깨고 집안일을 해결했던 터라 400만 원은 너무나도 크게 다가왔다. 변호사에게 400만 원을 입금하고 은행을 나오는 길. 그때 이상하게 숨이 턱 막히고 동시에 눈물이 핑 돌았다. 울컥했지만 펑펑 울진 않았다. 그럴 여유도 없었기 때문이다. 그날 내 머릿속을 때린 건 딱 한 문장이었다.

"이렇게 살다가 끝나겠는데?"

앞이 깜깜했다. 앞으로의 10년, 20년이 그려졌다. 차곡차곡 모아서 빚을 갚고, 또 갚고… 이런 삶이 반복될 것 같았다. 정확히 말하면, **그런 인생이 너무 확실해 보였다.**

그 순간부터 가난은 '상황'이 아니라 '흐름'처럼 느껴졌다. 흐름은 상황보다 더욱 무섭다. 일시적인 상황은 해결될 수 있지만, 흐름은 흘러가는 방향을 바꾸지 않으면, 계속 그쪽으로 간다.

그리고 이런 생각이 들었다. **"내가 바꾸지 않으면 절대 바뀌지 않고 그 누구도 이를 도와주지 않는다."**

선택지는 2가지였다.

- 이대로 살기
- 변화하기

나는 변화하겠다고 마음 먹었고 내 자신과 약속했다.

"반드시 집안을 일으킨다."

그리고 변화하기 위해 찾아오는 아픔과 고통들은 묵묵히 견
디기로 다짐했다. 변화하려면 그 정도 각오는 필요하다고 생각
했다. 지금까지는 '집안이 어려우니까 이런 삶이 당연한 거지'라
고 생각했다면 이제부터는 당연한 걸 당연히 받아들이지 않기
로 했다. 지금까지 승객으로 살았다면 이제는 배의 선장이 되기
로 했다. 각성의 시작이었다.

"부유하게 살자. 집안을 일으키자.
어머니가 살아계실 때, 한 번은 호강시켜 드리자."

라는 생각은 내 가슴을 더욱 뜨겁게 만들었다.

과거 각성을 하고 변화의 길을 걷고 있는 나는 독자들에게도 변화의 시작인 각성시기를 반드시 거쳐보라고 권하고 싶다. 동시에 내가 과거에 했던 생각들을 질문으로 던져보고 싶다.

지금 내 삶은 어떠한가? 이대로 흐른다면 5년 뒤, 10년 뒤에는 어떠한 모습인가?

- 나는 순응하고 있는가? 내 목소리를 내고 있는가?
- 나는 변화를 받아들일 준비가 되었는가? 변화를 두려워하는가?
- 변화를 택했을 때 10년 후의 인생은 어떻게 바뀔 것인가?

이 질문을 피하지 않는 순간부터 변화는 시작된다. 변화는 의지에서 시작되지 않는다. **변화는 인식에서 시작된다.** 지금의 내가 선명해질수록, 내가 바꾸고 싶은 미래도 선명해진다.

나도 그랬다. 변호사에게 400만 원을 입금하고 나온 은행 밖에서 처음으로 확실히 알았다.

**"지금의 삶은 내가 원하던 삶이 아니다."** 그래서 선택했다. **"그렇다면, 내가 원하는 삶, 내가 그리는 인생을 만들자."**

지금 당장 완벽한 계획이 없어도 된다. 오늘부터 모든 것을 갈아엎지 않아도 된다. 한 가지면 충분하다. **깨어나는 것**. 현실을 흐릿하게 넘기거나 외면하지 말고 똑바로 바라보는 것. 나아가 '나는 원래 이런 사람이야'라는 타협을 끝내고, '나는 이런 사람이 될 거야'라고 마음 먹는 것. 그것이 바로 변화의 시작이다.

# 2

# 열심히 사는데
# 제자리인 이유

열심히 사는 사람은 정말 많다. 문제는 열심히 사는데도 삶이 바뀌지 않는 사람이 더 많다는 것이다. 아침 7시, 눈을 뜨자마자 출근하고 하루 종일 치열하게 일하며 때로는 야근도 한다. 열심히 살아보겠다고 퇴근 이후 영어 공부를 하거나 주말에 책을 읽기도 한다. 이게 갓생 아닌가 싶다. 그런데 이상하다. 이렇게 열심히 살았는데도 왜 통장 잔고는 그대로고 인생은 제자리일까?

나는 이 질문에 대해 누구보다 오래 고민했다. 그리고 어느 날 깨달았다. **노력은 성과에 비례하지 않는다는 것을.** 이 말이 잔

인하게 느껴질 수도 있다. 하지만 이걸 빨리 인정할수록 인생이 빨리 바뀐다.

우리는 '바쁜 것'을 '열심히 사는 것'으로 착각한다. 하루 종일 일했고 정신없이 뛰었고 사람들 눈치도 봤고 급한 일을 후다닥 처리하며 오늘 하루를 버텼다. 그런데 밤에 침대에 누우면 드는 생각은 늘 비슷하다.

'나 오늘 뭐 했지?', '왜 이렇게 힘들기만 하지?',
'이렇게 계속 살면 1년 뒤에도 똑같겠지…'

이 상태의 가장 무서운 점은 변화는 없는데 내 에너지와 체력은 고갈되어 간다는 것이다. 열심히 안 사는 게 문제가 아니라 그 열심히가 성과로 연결되지 않는 게 문제다.

나도 한때 '열심히'라는 말에 취해 있었다. 2015~2017년 지금 생각해봐도 가장 열심히 일했던 시기이다. 육군 소위로 임관 후 3년 차까지의 무렵이었고, 첫해 소대장 이후 성실함을 인정받아 부대에서 가장 바쁘다는 '작전장교' 직책을 맡게 되었다.

늘 아침 7시 30분 전에 출근을 했다. 당시 60여 명의 부대 간부 중 가장 출근이 빨랐고 평균 밤 10시에서 11시 정도에 퇴근

을 하며 가장 늦게 퇴근했다. 얼마나 많은 일을 했던지 하루 종일 모니터를 보느라 라섹수술 후 좋아졌던 시력이 다시 떨어져 안경까지 쓰게 될 정도였다. 당시 나와 함께 가장 오랜 시간 일을 하는 간부 중 하나는 우리 부서 과장님이었다. 육군사관학교 출신 엘리트에 집념도 대단하신 분이었다. 나는 과장님과 "12시

안 넘기면 야근 아니잖아?", "네 맞습니다! 오늘도 고생 많으셨습니다!"라는 농담을 종종 주고받거나, "과장님 오늘은 12시 넘겼으니 야근입니다"라는 농담을 주고받으며 퇴근길에 올랐다. 이 와중에 자기계발을 소홀히 하지 않기 위해 출근 전에는 부대 헬스장에 들러 운동을 했고 주말에는 책을 펼치며 지식을 쌓았다. 누가 봐도 바쁘고 성실하게 그리고 치열하게 사는 삶 아닐까? 스스로도 고생하는 삶이라고 생각했고 때로는 그걸 견디는 나 자신이 대단하다고 생각했다. **하지만 '그래서 결과가 뭐야?'라는 세상의 질문에는 답할 수 없었다.**

**그렇다. 세상은 노력한다고 부와 성공을 선물로 주지 않는다.** 예전의 내가 생각하는 열심히란 '많이 하는 것'이었다. 일찍 출근하고 집중해서 일하고 야근까지 하면 최고라고 생각했다. 거기에 주말 시간에 자기계발까지 하면 그야말로 갓생이라고 생각했다. 하지만 세상이 필요로 하는 열심히는 그게 아니었다. '세상의 흐름에 맞게 하는 것'이자 '효율적으로 가치를 만들어 내는 것'이었다.

노력이 성과가 되기 위해서는 다음 두 가지가 충족되어야 한다.

① 뾰족한 방향
② 타인까지 인정하는 노력

특히 1번이 선행되어야만 2번이 빛을 발하고, 이 두 가지가 모두 충족되지 않으면 아무리 열심히 해도 '바쁨'만 늘어난다.

1번, 뾰족한 방향에 대해 한 번 다뤄보자. 뾰족한 방향이 없는 노력은 제자리 걸음이다. 성공하기 위해선 뾰족한 방향이 있는 자기계발을 해야 한다. 나는 이걸 '좁은 자기계발'이라고 표현한다. 자기계발에는 넓은 자기계발과 좁은 자기계발이 있다. 넓은 자기계발은 내면이나 마인드에 도움이 되는 자기계발을 말한다. 명상, 독서, 확언쓰기 같은 것들이 있다. 과거에 내가 했던 주말에 책 읽는 것은 넓은 자기계발이다. 좁은 자기계발은 특정 분야에서 나를 성장시키는 것을 말한다. 스킬이나 특정 역량을 쌓는 일이다. 자기계발을 하면서 내 실력이 늘어나고 가치가 상승하는 일이다. 예를 들면 마케팅 실력 쌓기, 영업스킬 쌓기, 홈페이지 디자인 숙달하기, 부동산 투자 공부하기, 한 분야에 대한 독서 등이 있다.

넓은 자기계발만 해서는 세상이 원하는 가치를 만들어내기 어렵다. 세상에 가치를 주려면 다른 사람에게 또는 회사, 기관,

나아가 공공적인 것에 도움을 줄 수 있어야 하는데, 넓은 자기계발은 그렇지 못하다. 그 이유는 내면을 성장시키는 데에만 집중되어 있기 때문이다.

그렇기에 뾰족한 방향이 있는 좁은 자기계발을 병행해야 한다. 뭉뚱그려진 '바쁨'이 아닌 '나 이건 누구보다도 잘해'가 되어야 한다.

2번, 타인까지 인정하는 노력에 대해 한 번 다뤄보자. 많은 사람은 스스로가 열심히 산다고 생각한다. 100명에게 질문하면 80~90명은 스스로를 열심히 사는 사람이라고 말할 것이다. 하지만 "나 정도면"이라는 수식어가 붙은 노력은 진짜 노력이 아니다. 진짜 노력은 다른 사람들의 입에서 '존경', '걱정', '질투', '감탄'이 나오는 노력이다. "진짜 대단하다. 너 같은 애들은 뭘 해도 성공하겠어", "너무 무리하는 거 아니야?", "그렇게 한다고 다 잘되는 거 아니야", "너 미쳤냐?"와 같은 말을 타인에게 들어봤다면 '진짜' 노력을 하고 있는 것이다.

내가 그랬다. 부동산 공부를 할 당시 지금의 아내인 여자친구한테 "오빠는 머릿속에 온통 부동산 밖에 없는 것 같아"라는 서운함의 표현을 듣기도 했고 자기계발 콘텐츠를 만들 때에는 주변 사람들에게 "자기계발에 너무 빠진 거 아니야?", "그러다가 쓰러지는 거 아니야?"라는 말을 듣기도 했다.

'개미와 베짱이' 우화는 이제 틀렸다. 개미와 베짱이 이야기에 의하면 부지런하게 움직이고 열심히 살고, 아껴 쓰고, 참으면 결국 잘 살 수 있었다. 하지만 이건 과거의 시대에나 적용되는 말이다. 과거 농경사회에서는 땅을 갈고, 물을 대고, 손이 닳도록 일하면 수확이 늘었다. 그저 땀을 많이 흘리면 많이 가져가는 구조였다. 하지만 세상이 변했다. 이 시대의 부는 '내가 직접 하는 시간'으로만 쌓이지 않는다. 방향과 효율의 원리를 이해한 사람이 기회와 부를 가져간다.

- 콘텐츠는 한 번 만들면 수천 명이 본다
- 시스템은 한 번 만들면 계속 돌아간다
- 모든 걸 잘하는 만능형보다, 특정한 한 분야의 전문가가 대우를 받는다

그래서 이 시대의 개미상은 이렇게 정의되어야 한다. 효율을 이해하고, 뾰족한 방향으로 노력하는 사람. 이제부터 질문을 바꿔야 한다. '나는 오늘도 바쁘게 살았나?'가 아니라, **'나는 오늘도 내 몸값을 높일 수 있는 행동을 했는가?'**라고, '나는 나름대로 열심

히 했나?'가 아니라, '**나는 다른 사람들이 인정할 만한 노력을 뾰족한 방향으로 했나?**'라고 말이다.

이 질문을 매일 던지기 시작하면 이전과는 다른 방향의 노력을 하게 될 것이고 지금까지 제자리였던 성장에 속도가 붙을 것이다. 이제부터는 땀으로 증명하려고만 하지 말고, 올바른 방향으로만 땀을 흘리자. 그리고 **뾰족한 방향과 타인이 인정할 만한 노력으로 증명하자. 명심하라. 노력은 설명하는 것이 아니라 증명하는 것이다.**

# 3

# 우리는 계급 사회에 살고 있다

어린 시절, 나의 주말 풍경은 또래 친구들과 조금 달랐다. 친구들이 가족 여행을 가거나 놀이터에서 뛰어놀 때 나는 할머니와 아빠를 도우려 했다. 지금 생각해보면 도움은 전혀 안 됐겠지만 나름대로는 돕고 싶은 마음에 때로는 할머니를 때로는 아빠를 따라 나섰다.

우리 할머니는 파지를 주우셨다. 집 밖에 내놓은 박스들, 길가에 버려진 종이 뭉치를 줍는 일이 할머니의 소일거리였다. 비에 젖어 눅눅해진 박스와 고물상의 낯설음이 썩 좋지는 않았지만 할머니 말동무를 하며 따라다녔다. 초등학교 이후에는 잘 따라다니지 않아 기억도 희미한 일곱 살 무렵이지만, 확실하게 기억 나는 건 온종일 동네를 돌아다니고 파지를 팔아도 쥐어지는 돈이 몇 푼 안된다는 사실이었다. 돈에 대한 개념이 없을 때이긴 하지만, 주는 것에 비해 받는 것이 너무 적다는 생각 정도는 했다. 그리고 불공평하다고 느꼈다. 가져가는 것 대비 너무 조금 돌려받는다고 생각했기 때문이다.

초등학생 때에는 종종 아빠를 따라 나섰다. 당시 아빠는 트럭으로 땅콩을 팔았다. 꽤나 자주 따라다닌 듯하다. 글을 쓰고 있는 지금도 여전히 땅콩 판매 멘트가 생각날 정도이니 말이다. "어, 이게 뭐꼬? 땅콩아니가? 고소한 땅콩, 햇땅콩을 한 바가지에 천 원, 천 원에 드립니다. 갈 길은 멀고 땅콩은 억~수로 남았고, 에레~이 모르겠다. 한 바가지에 천 원, 천 원에 드립니다. 맛보는 데는 공짜입니다. 공짜. 빨리 오이소~" 지금 이 글이 후루룩 써지는 게 참 신기하다. 당시 땅콩 판매업자 중 한 분이 녹음해서 여러 아저씨들이 같이 썼던 걸로 기억한다.

아빠를 따라다니며 아빠가 좋은 대우를 받지 못하고, 때로는 무시를 받는다는 느낌을 종종 받았다. 아빠는 키가 160cm 정도로 작고 건강이 좋지 않아 왜소한 탓에 더욱 그랬을 것이다. 물건을 납품받을 때에도 그랬고, 손님들 중 일부 무례한 사람들이 종종 아빠를 업신여기곤 했다. 우리 아빠가 건장했다면, 혹은 인정받는 직업이었더라면 받지 않아도 될 무시였다. 할머니를 따라다닐 때와 마찬가지로 이때도 세상이 불공평하다고 생각했고, 눈에 보이지는 않지만 계급이 있다는 것을 느꼈다.

지금 생각해보면 그 느낌은 현실이었다. 실제 세상이 그렇다. 인류의 역사는 단 한 번도 평등한 적이 없었다. 시간을 거슬러 올라가 보자. 농경 사회가 시작되며 '남는 곡식'이 생겼고, 이를 소유한 자와 소유하지 못한 자 사이에 보이지 않는 선이 그어졌다. 그것이 계급의 시작이었다. 그리고 그 계급은 핏줄을 따라 이어졌다. 노비의 자식은 노비였고, 귀족의 자식은 귀족이었다. 노비의 자식이 아무리 공부를 잘하고 뛰어나도, 노비의 자식이기 때문에 그 계층을 벗어날 수 없었다.

시간이 흘러 계급 사회는 없어졌다. 우리나라에서 법적인 신분제가 공식적으로 폐지된 것은 1894년 갑오개혁 때다. 노비 문서가 불탔고 양반과 평민의 벽이 허물어졌다. 하지만 100년이 훌쩍 지난 지금, 우리는 정말 계급이 사라진 시대에 살고 있는가?

현실은 전혀 그렇지 않다. 법은 평등을 외치지만, 자본주의는 우리의 계급을 더 정교하게 분류하는 듯하다. 성벽은 무너졌고, 노비 문서는 불탔지만 보이지 않는 유리 천장이 존재한다. 이 투명한 창은 우리의 삶뿐만 아니라, 우리 아이들의 교실 안까지 깊숙이 침투해 있다.

최근 뉴스에서는 듣기조차 민망한 단어를 봤다. '개근거지'라는 말이다. 예전에는 학교에 빠지지 않고 성실하게 다니는 것이 칭찬의 대상이었지만, 지금은 그렇지 않다고 한다. 개근거지는 남들 다 가는 해외여행이나 체험 학습 한 번 가지 못해, 학교를 꼬박꼬박 나오는 아이들을 비하하는 말이다. 누군가에게는 당연한 '경험의 기회'가, 누군가에게는 '빈곤의 증명'이 되어버린 셈이다. 뿐만 아니라 아이들은 서로가 사는 아파트의 브랜드와 평수를 묻고, 임대 아파트에 사는지 분양 아파트에 사는지를 따져가며 무리를 나눈다고 한다. 심지어 '엘사(LH에 사는 사람)', '휴거(휴먼시아 거지)'와 같은 표현도 있다고 한다. 자본을 기준으로 세상을 등급 매기는 현상이 아이들에게까지 이어졌다는 게 굉장히 씁쓸하기도 하다.

하지만 이것이 우리가 살아가는 이 시대의 현실이다. 마음으로는 안타깝지만 직면해야 할 사실. 법적으로는 계급이 사라졌지만 현실에서는 그렇지 않다. 아이들 세계는 물론, 부모들의 세계에서도 자본은 곧 권력이고 힘이다. 돈이 없으면 씁쓸한 현실을 마주해야 하고 하기 싫은 일이나 때로는 자존심이 무너지는 일도 인내해야 한다.

많은 사람이 이 불합리한 현실을 비난한다. "돈 있는 사람들이 기회를 다 가져가는 건 불공평하다!", "금수저들이 다 해 먹는 세상이다!"라며 세상을 욕한다. 마치 세상이 불공평하다고 느꼈던 어린 시절의 나처럼 말이다. 맞다. 불공평한 건 사실이다. 하지만 그런 사람들에게 냉정하게 묻고 싶다. "그 비난이 당신의 삶을 단 1cm라도 앞으로 나아가게 해줬는가?", "그 비난이 당신의 아이를 그 계급의 굴레에서 꺼내 주었는가?" 자본주의는 도덕책이 아니다. 효율과 가치에 의해 움직이는 거대한 게임판이다. 이 게임의 룰을 이해하지 못하면 평생 '피지배 계급'으로 남을 수밖에 없는 것이 현실이다.

우리가 자본주의의 개념을 이해하고 인정해야 하는 이유는 탐욕스러워지거나 없는 사람들을 무시하기 위해서가 아니다. 계급이 없지만 계급이 있는 아이러니한 자본주의 세상에서 **내 소중한 사람들을 지켜낼 힘을 갖기 위해서다.** 사실, 이게 내가 이 책을 쓰는 중요한 목적이기도 하다. 지금 '각성'하고, '결단'하고 '몰입'하지 않으면 '탈피'를 할 수 없다. 이 계급의 사다리를 타고 올라갈 수 없다는 것이다. 나뿐만 아니라 내 아이는 부모가 닦

아놓지 못한 길 위에서 불공평함을 느끼며 살아가야 할지도 모른다.

그래서 나는 더 이상 불평하지 않기로 했다. 불평할 시간에 자본주의의 언어를 공부할 것이고, 내 가치를 높여 세상이 나에게 더 높은 비용을 지불하게 만들 것이다. 부디 독자분들도 세상을 비난하고 욕하며 손가락질 하기보다는 스스로를 일으켜 세우고 움직이길 바란다.

**계급 사회는 사라지지 않았고, 앞으로도 사라지지 않을 것이다. 하지만 그 사다리를 타고 올라갈 기회는 '누구에게나' 열려 있다.** 그 기회는 시스템을 원망하며 가만히 앉아 있는 자가 아니라, 이 룰을 인정하고 사다리를 오르는 자에게 주어진다. **'평생 아래에서 세상을 비난하며 손가락질할 것인가? 아니면 사다리를 오르는 것에 동참하여 성장한 뒤, 넓은 세상을 내려다볼 것인가?'** 선택은 우리에게 달려있다.

# 4

## 가난을 탈출하면
## 만나게 되는 것들

나는 월급 300만 원으로 결혼 생활을 시작했다. 분명 연봉은 4천만 원대, 전역 직전에는 5천만 원 정도였지만 '기여금'을 많이 떼어가는 군인의 봉급구조에서는 300만 원 정도가 내가 수령한 실수령이었다. 결혼 직전까지 집안에 도움을 주던 터라 당연히 모아놓은 것은 없었다. 그때는 한 달이 늘 아슬아슬했다. 월급이 따박따박 들어오지만 휴대폰 요금, 보험비, 자동차 유지비, 각종 공과금 등 숨만 쉬어도 나가는 돈이 빠져나가면 통장은 늘 '텅장'이 되어 있었다. 돈이 스쳐간다는 표현이 딱 이 말이었다.

여유가 없는 상황에도 취미생활은 하고 싶어서 캠핑을 시작했다. 당연히 좋은 장비를 살 여력은 안 되었고, 원터치 텐트와 버너 정도로 캠핑을 시작했다. 한 번은 한겨울에 캠핑을 한 적이 있는데 그때도 용감하게 원터치 텐트를 가지고 갔다. 어떤 분은 우리가 친 원터치 텐트를 보고 이건 새이(반려견) 전용 텐트냐고 물어보신 분도 있었다.(확실히 나쁜 의도는 아니셨다.) 아내와 나 그리고 반려견 새이, 셋이서 그 좁은 텐트에서 난로하나 없이 잠을 잤다. 1인용 전기장판이 있긴 했지만 추위를 막기에는 역부족이었다. 다음날 아침 눈을 떠보니 온 세상이 하얘져있었다. 간밤에 함박눈이 온 것이었다. 아름다운 풍경을 보고 있는데, 이상하게 사람들이 하나둘 우리 텐트를 찾아왔다. 어떤 분은 따뜻한 커피를 가져다주시며 진짜 여기에서 잔 게 맞냐고 하셨고, 또 다른 분은 핫팩을 가져다주며 괜찮으신지 보러 왔다고 했다. 그렇다. 주변에 있는 캠퍼들은 우리가 살아있는지 보러 온 것이었다.

아내에게는 '그래도 낭만 있지 않아?'라고 포장하며 캠핑을 즐겼지만 마음 한 편으로는 남들처럼 그럴싸한 차에 그럴싸한 캠핑장비로 캠핑을 시켜주지 못하는 나 자신이 초라해보이기도 했다. 결혼 전 서울 강남에서 직장을 다니던 아내를 군부대 근처인 의정부까지 데려와 고생만 시키는 게 아닌가 하는 생각에 미안함도 컸다.(아내는 그때 진짜로 즐거웠다고 하지만…)

더 자세한 이야기는 책을 넘겨가며 나오겠지만 나는 지금 더 이상 직업군인도 아니고 가난하지도 않다. 전역한 지는 어느새 3년이 지났고, 결혼 6년 차, 나는 사업과 크리에이터 생활을 하며 부족하지 않게 살아가고 있다. 정해진 월급이 있는 삶이 아니라 편차가 있긴 하지만 순수익 기준으로 매월 천만 원 이상의 돈을 벌고, 많이 벌 때에는 군인시절 연봉인 5천만 원을 한 달 만에 벌기도 한다.

그리고 전에는 느껴보지 못한 것들을 느끼며 매일 새로운 경험을 하고 있다. 전에는 월급이 잠시 스쳐 지나가는 통장 아니 '텅장'에 마음을 졸였지만, 지금은 쌓여가는 자산에 마음 한 편이 든든하다. 마주한 변화는 굉장히 많은데 대표적으로 다음 세 가지의 변화를 마주하게 되었다.

첫 번째 변화는 가격이 아닌 가치를 보고 물건을 산다는 것이다. 예전에는 무언가를 살 때마다 가장 싼 걸 찾고, 쿠폰을 뒤지고 배송비를 계산했다. 그러면서 낭비하는 시간이 꽤나 컸다. 하지만 싼 것만 찾는 것이 무조건 이득이 아니라는 것을 알아야 한다. 기름값이 10원이라도 더 싼 주유소를 찾으려고 더 먼 곳을 가거나 한참을 헤맨다면, 아껴지는 기름값보다 사용하는 기름값이 더 클 수 있다. 무엇보다 내 시간과 에너지가 소비된다는 것을 알아야 한다.

지금의 나는 가격 대신 가치를 본다. 무작정 싼 물건을 사는 것이 아니라 내 삶에 정말 필요한지, 나에게 가치를 주는지 그리고 이것이 내 시간과 에너지를 아껴줄 수 있는 것인지를 생각한다. 그리고 가치를 줄 수 있다고 판단이 되면 그 소비에는 돈을 아끼지 않는다. 돈을 쓰더라도 내 시간을 아껴줄 수 있는 것이면 과감히 소비하고, 내 문제를 해결해주거나 집중력을 높여주거나 나라는 사람에게 가치를 줄 수 있는 것에는 아끼지 않는다는 말이다. 최근에 한 소비는 교육으로 콘텐츠와 마케팅에 대해 공부하는데에 400만 원 이상을 썼다. 결론적으로 전에는 돈을 아끼기 위한 소비를 했다면, 이제는 시간과 가치를 위한 소비를 한다.

두 번째 변화는 아내와의 관계이다. 사실 우리 부부는 월급 300만 원일때도 행복했다. 둘 다 긍정적이고 밝은 편이라 웃는 일이 많았다. 하지만 마음 한 편에는 늘 불안함을 안고 살았다. 특히나 더 쪼들리는 때나 큰돈이 들어가야 할 때에는 마음이 불안해졌다. 경조사가 유난히 많은 달에는 더욱 그랬다. 불안하면 사람은 예민해지기 마련이다. 아무리 성품이 좋고 긍정적인 사람도 쫓기는 상황에서는 감정을 숨기기 어렵다. 불안함으로 가득 차 있는 마음 상태에는, 여유와 배려가 발디딜 틈이 없기 때문이다.

하지만 여유가 생기자 적어도 경제적인 부분에 대한 불안감은 사라졌다. 경제적인 부담이 사라지니 여행에 대한 빈도, 경험적인 소비에 관한 빈도가 자연스레 올라갔다. 그리고 부부가 무언가를 함께 하는 경험은 더 좋은 생각, 더 좋은 대화를 만들어 관계의 선순환을 일으켰다. 또한 마음의 여유는 더 많은 표현을 불러일으킨다. 여유가 생긴 뒤, "요즘 참 행복하지 않아?", "늘 자기한테 고마워" 등의 표현을 서로 더 많이 하게 되었다.

세 번째 변화는 주변을 둘러볼 수 있게 되었다는 것이다. 내가 어려울 때에는 주변이 잘 보이지 않았었다. 아니 볼 수가 없었다. 당장 내가 살기에도 숨이 찼던 터라 남을 챙길 여력이 없었다. 이번 달 카드값, 식비, 차량 유지비, 생활비 등 생존에 대한 것을 바라보기에도 모자랐다. 그러나 가난을 탈출하니 주변이 보이기 시작했다. 주변 사람들의 소식에 관심을 기울이기 시작했고, 특별한 날이 아니더라도 소중한 사람에게 종종 선물을 보내기도 한다. 설, 추석과 같은 명절 때면 가족뿐만 아니라 지인들에게도 감사의 마음을 담아 작은 편지와 선물을 보내고 종종 보육원, 유기견 보호단체에 소소한 마음을 전하기도 한다.

여기에 한층 여유 있어진 말투, 밝아진 표정, **부드러워진 눈빛**은 덤이다. 돈으로 인해 쪼들렸을 때에는 숨길 수 없는 불안이 있었다. 웃고 있지만 왠지 모르게 표정은 어색했고, 괜찮다고 말은 하지만 불편한 기색이 드러나기 마련이었다. 가난은 사람의 마음을 좁힌다. 선택지를 없애고, 표정을 굳게 하고, 말투를 날카롭게 만든다. 반대로 여유는 사람의 마음을 풀어준다. 숨을 돌리게 하고, 주변을 보게 하고, 여유의 선순환을 만들어준다.

여기서 내가 꼭 말하고 싶은 게 있다. 가난을 탈출하면 만나는 건 '돈'이 아니다. 돈은 결과일 뿐이다.

진짜로 만나게 되는 건 **'새로운 나'**다. 가격표만 보고 결정하던 내가, 가치를 보고 선택하는 사람이 된다. 불안에 예민했던 내가, 평온 속에서 사랑을 표현할 줄 아는 사람이 된다. 나 하나 먹고 살기 벅찼던 내가, 주변에 마음을 나눌 수 있는 사람이 된다. 그게 바로 가난을 탈출한 사람이 얻는 가장 큰 혜택이다. **즉, 마음이 넓어지며, 삶이 풍요로워지고, 바라볼 수 있는 세상의 시야가 넓어진다.**

뿐만 아니라 돈은 사람을 무조건적으로 행복하게 해주지는 않지만, '나를 더 행복하게 만드는 선택'을 할 수 있게 해준다. **쉬어야 할 때 쉴 수 있고, 배우고 싶을 때 배울 수 있고, 건강을 챙겨야 할 때 미루지 않고 바로 챙길 수 있으며, 주변 사람에게 마음을 표현할 수 있고, 내가 믿는 가치에 돈을 쓸 수 있고, 내가 도와주고 싶은 곳에 힘을 보탤 수 있다. 그리고, 무엇보다 사랑하는 사람을 지킬 수 있다.**

가난할 때는 이런 선택들이 늘 뒤로 밀린다. '다음에…', '언젠가…', '나중에 여유 생기면…' 하지만 그 '나중에'는, 가만히 있으면 절대 오지 않는다. 그래서 나는 말한다. 가난을 탈출하는 건 단순히 돈을 많이 버는 일이 아니다. **가난을 탈출한다는 것은 내 삶을 내가 선택하는 사람이 되는 일이다.**

결국 이것은 단순히 통장의 숫자를 바꾸는 일이 아니다. 내 삶의 주도권을 가격표와 환경으로부터 완전히 되찾아오는 과정이다. 원터치 텐트 속에서 낭만을 쥐어짜며 추위를 견디던 시절도 소중한 추억이지만, 사랑하는 사람을 더 이상 불안과 결핍에 노출시키지 않아도 된다는 안도감은 그 무엇과도 바꿀 수 없는 가치다. 부는 그 자체로 목적이 될 수 없지만, 내가 사랑하는 사람들을 지키고 나다운 삶을 선택할 수 있게 해주는 가장 단단한 수단임에는 분명하다.

# 5

# 컴포트존의
# 역설

직업군인 시절 나는, 종종 제복을 입을 때면 거울 속에 비친 모습을 보며 자아도취하곤 했다. 숭고한 임무를 하고 있다는 자부심도 있었지만, 직업적으로나 연봉을 볼 때 '이 정도면 괜찮지' 하는 묘한 우월감에 젖곤 했다. 국가에서 정한 보수지침이나 공무원 급수표를 보면 육군 소위는 공무원 7급, 대위는 5급에 준한다. 24살이라는 어린 나이에 국가 공무원 7급의 문턱을 넘고, 서른이 되기도 전에 '5급 공무원'이라는 지위를 인정받았을 때, 나는 성공의 궤도에 올라탄 줄 알았다. 주변 친구들이 취업난에 허덕일 때 나는 안정적인 월급을 받았고, 부대에서는 소대장 시절 40명, 중대장 시절 6~70명의 병사와 부사관을 지휘하며 권위라는 맛도 보았다.

그 울타리 안에서 나는 서서히 안일함이라는 늪에 빠져들었다. '나 정도면 성공한 인생이지', '이대로 정년까지만 버티면 연금도 나오고 노후는 보장되겠지'라는 생각들이 내 머릿속을 지배했다. 하지만 그때 나는 이 세상이 어떻게 변하는지, 자본주의에서 살아남으려면 무엇을 해야 하는지 전혀 알지 못했다. 군대라는 거대한 조직이 나를 보호해 주고 있었기에 굳이 알지 않아도 된다고 생각했다.

하지만 어느 날 문득, 거울을 보며 질문 하나가 머릿속을 스쳤다. **'이 제복을 벗었을 때, 나라는 사람은 무엇으로 증명될 수 있는가?'** 소름이 돋았다. 내가 누리던 권위와 안정은 내가 만든 실력이 아니라, 국가가 빌려준 옷이었기 때문이다. 그렇다. 나는 안락함에 젖어 내 자신의 발전을 고민하는 대신, 조직이 정해준 매뉴얼대로 움직이는 기계가 되어가고 있었다.

사람들은 흔히 컴포트존Comfort Zone에 머무는 것을 '현상 유지'라고 착각한다. "지금 가진 것을 잘 지키기만 해도 중간은 간다"고 말한다. 하지만 자본주의라는 시스템 안에서 **가만히 서 있는 것은 곧 실시간으로 밀려나는 것을** 의미한다. 우리가 사는 세상은 끊임없이 움직인다. 가만히 있으면 결국, 아래로 내려가는 에스컬레이터를 타고 있는 셈이다. 당신이 현금 1,000만 원을 금고에 넣어두었다고 가정해보자. 당신은 그 금고를 보며 돈을 '지켰다'고 생각하겠지만, 시간이 지나면서 그 돈의 실제 가치는 줄어든다. 내가 넣어놓은 돈은 그대로 있겠지만 물가가 계속 상승하기 때문이다. 물가 상승률을 아무리 보수적으로 2%만 잡아도 10년 뒤 내가 넣어놓은 1,000만 원은 약 820만 원의 가치로 쪼그라들어 있게 된다.

삶의 이치도 이와 다르지 않다. 당신이 컴포트존에 머물며 작년과 똑같은 지식, 똑같은 기술, 똑같은 인맥, 똑같은 사고방식에 안주하고 있다면, 당신은 제자리에 서 있는 것이 아니라 **거꾸로 내려가고 있는 중이다.** 자본주의에서 물가가 오르듯, 세상은 끊임없이 발전하고 당신이 안주하는 순간에도 맹렬한 속도로 변화한다.

**하행 에스컬레이터 위에서, 그 자리에 있으려면 최소한 천천히 걷기라도 해야 한다. 그런데 컴포트존에 갇혀 앉아서 쉬거나 제자리에 있다면? 그것은 내려가겠다고 선언하는 것과 다름없다.**

컴포트존은 우리의 삶을 행복하게 만드는 안전지대가 아니다. 단지 '익숙한 장소'일 뿐이다. 인간의 뇌는 생존을 위해 변화를 거부하고 안정을 찾도록 설계되었다. 원시 시대에는 낯선 숲으로 나가는 것이 죽음을 의미했기 때문이다. 하지만 현대 사회에서는, 이러한 본능이 오히려 우리를 안주하게 만들고 뒤처지게 만든다. 진정한 안전은 제자리에서 안도감을 느끼는 게 아니라, 울타리를 부수고 나가 '불편함의 영역Discomfort Zone'에 자신을 던질 때 비로소 만들어진다. 근육이 자라기 위해서는 미세하게 찢어지는 통증이 필요하듯, 인생도 마찬가지다. 성장하기 위해서는 도전이나 노력을 통해 익숙지 않은 자신을 마주하는 불편한 과정도 필요하다.

우리가 아는 성공한 모든 이는 편안해 보인다. 그러나, 그들이 느끼는 편안함 뒤에는 지독할 정도로 스스로를 불편하게 만들었던 '훈련의 시간'이 숨겨져 있다. 운동선수가 경기장에서 여유로운 미소를 지을 수 있는 것은 연습 과정에서 근육이 비명을 지르는 통증을 수천 번 견뎌냈기 때문이다. 하지만 일부 사람들은 그들의 과정은 보지 않은 채, 그들의 편안함만 따라 하려는 경향이 있다.

세계 최고의 부호 중 한 명인 아마존의 창업자, 제프 베이조스Jeff Bezos는 창업 전 뉴욕의 헤지펀드 회사인 디 에이 쇼D.E. Shaw에서 최연소 부사장을 지낼 만큼 전도유망한 엘리트였다.

그는 입사 후 4년 만에 부사장 자리에 올랐으며, 그때 그의 나이는 불과 30살이었다. 연봉은 상상을 초월했고, 사회적 지위까지 따라왔다. 그야말로 완벽한 컴포트존의 정점에 서 있었다.

하지만 그는 인터넷 사용량이 매년 2,300%씩 폭발적으로 성장한다는 지표를 보고 결단했다. 안정적인 부사장 자리를 내려놓고 시애틀의 한 차고에서 책을 팔기로 한 것이다. 당시 그의 상사 데이비드 쇼David E. Shaw는 그를 만류하며 "그건 아주 좋은 아이디어지만, 이미 좋은 직업이 없는 사람에게나 더 좋은 아이디어일 것 같네"라고 말했다. 이미 가진 것이 너무 많으니 위험한 도전을 하지 말라는 뜻이었다.

그때 그는, 자신이 80세가 되었을 때를 가정했다. '80세의 나는 헤지펀드 부사장을 그만둔 것을 후회할까? 아니면 인터넷이라는 거대한 물결에 올라타지 않은 것을 후회할까?' 대답은 명확했다. 당장의 안락함은 80세의 그에게 아무런 의미가 없었고, 시도하지 않은 것에 대한 후회는 평생의 짐이 될 것이 뻔했다. 결국 그는 자신을 보호하던 고액 연봉과 직함이라는 제복을 과감히 벗어던졌고 세계 최대 전자상거래 기업인 아마존을 탄생시켰다. 아마존은 현재 세계 Top 5 기업으로, 글을 쓰는 현재 기준으로 시가총액이 무려 2조 2,217달러(한화로 약 3,200조 원)이다.

제자리에 머물며 느끼는 안도감은 독(毒)이다. 성장은 언제나 당신이 '이건 좀 과한데?', '너무 힘든데?'라고 느끼는 지점, 즉 불편함의 경계선에서만 일어난다. 근육이 찢어져야 단단해지듯, 당신의 일상도 찢어지는 불편함을 겪어야만 비로소 확장된다.

지금 당신은 어디에 있는가? 익숙함이 주는 달콤함에 취해 하행 에스컬레이터에서 잠들어 있지는 않은가? **기억하라. 컴포트존이라 불리며 당신이 가장 안전하다고 믿는 그곳은, 어쩌면 당신의 인생에서 가장 위험한 장소일 수 있다.** 오늘의 편안함을 위해 미래를 가불로 쓰는 대신, 미래의 편안함을 위해 오늘의 불편함을 기꺼이 감수하자.

# 6

# 지금 아니면
# 언제 하겠는가

하루 24시간, 1,440분은 누구에게나 공평하게 주어진다. 세계 최고 부자라 불리는 일론 머스크, 제프 베이조스, 젠슨 황도, 그리고 우리 모두도 같은 시간으로 하루를 살아간다. 세계 최고 부자들에게 특별하게 주어지는 보너스 시간이 있거나, 우리보다 많은 36시간을 살아간다거나 하지 못한다. 모든 이들에게 주어진 하루, 그리고 그 하루에 들어있는 시간은 굉장히 소중하다. 그럼에도 불구하고 많은 사람이 '시간'을 너무나 당연하게 써버리며 허비하곤 한다. 익숙함에 속아 소중함을 잃는 셈이다.

사람들이 죽기 전에 사람들이 가장 많이 후회하는 건 뭘까?

‘돈을 더 많이 모으는 것?’, ‘더 많은 사람들을 만나는 것?’ 그렇지 않다. 그들이 하는 후회는 내가 보냈던 시간을 ‘왜 더 뜨겁게 살지 못했을까?’, ‘왜 나답게 못 살았을까’하는 것이다. 즉, 사람들이 마지막에 후회하는 대상은 해본 것이 아니라, 못해본 것이나 도전하지 못했던 것들이다.

우리가 시간을 소중히 대하기 시작하면 빠르게 변화를 맞이할 수 있는 이유는 바로, **시간의 경쟁강도**가 세지 않기 때문이다. 만약 이 글을 읽는 독자가 고3 수험생이라면 경쟁강도는 꽤나 강력하다. 좋은 대학교에 진학하기 위해 박터지게 공부를 하고 있을 것이기 때문이다. 취업을 준비 중인 취준생까지만 해도 경쟁강도가 높다. 모두가 좋은 회사에 취업하기 위해 부리나케 스펙을 쌓고 있을 것이기 때문이다.

하지만 어른이 된 우리는 그렇지 않다. 이전 장에서도 말했지만 대부분 ‘안정감’이라는 그늘이자 타성에 젖어 안주하는 하루를 살아간다. 그렇기에 기회가 있는 것이다. 모두가 안주할 때, 모두가 이 정도면 됐다고 생각할 때 달리는 사람은 금세 티가 나기 마련이다. 수험생 시절처럼 모두가 달리고 있을 때에는 큰 티가 나지 않지만, 모두가 멈춰 있을 때 달려나가면 돋보이고 성과도 빠르게 난다.

이런 말을 하면 꼭 "이젠 늦었잖아요"라고 말하는 사람들이 있다. **그런데 그 말은 사실 '늦음'이 아니라 '두려움'에 더 가깝다. 지금의 생활을 흔들면 불안해질까 봐, 실패하면 자존심이 무너질까 봐, 그래서 '늦었다'는 말로 불안함을 잠재우는 것이다.**

나는 시간을 이렇게 환산해보면 생각이 달라진다고 믿는다. 100세를 인생의 끝이라고 가정하고, 그 100년을 하루 24시간으로 압축해보자. 1년은 14.4분이다. 20세는 새벽 4시 48분, 30세는 아침 7시 12분, 40세는 오전 9시 36분, 50세는 정오 12시다. 그렇다. 우리는 생각보다 훨씬 이른 시간에 살고 있다. 오전 시간에 "하루가 끝났네"라고 말하는 사람은 없지 않은가?

그리고 나이라는 것은 상대적이다. 나보다 어린 사람들과 비교하면 한없이 늦어 보이지만, 나보다 나이가 많은 사람들과 비교하면 한없이 이르다. 30대는 20대를 보고 어리다고 하고, 40대는 30대를 보며 젊다고 하며, 50대는 40대를 한창이라고 한다. 60대는 50대를 보고 그때만 해도 늦지 않았다고 하고, 70대는 60대를 보고 그때로 돌아갈 수만 있다면 뭐든 하겠다고 한다.

내가 어릴 적의 일이다. 나는 할아버지 할머니와 같이 살았는데, 우리 할아버지 할머니는 동네의 어떤 할아버지 할머니에 비해서도 나이가 많았다. 지금은 돌아가셨지만 할아버지는 105세, 할머니는 99세까지 장수하셨고, 내가 어렸을 때에도 우리 할아버지 할머니는 80대, 90대셨다. 한 번은 동네에 한 할머니가 우리 집에 놀러오셨다. 우리 할머니는 놀러오신 할머니께 "나이가 어떻게 돼유?"라고 물어봤고, 그 할머니는 "70살이에요"라고 대답했다. 우리 할머니가 말했다. "애네~"

그렇다. 이처럼 나이는 상대적인 것이다. 70대든 80대든 나보다 어린 사람을 보면 젊고 한창이며, 30대이든 40대이든 20살과 비교하면 늦은 것이다. 즉 '늦었다'는 말은 굉장히 상대적인 것이다. 40대에 사업을 시작한 아성다이소의 박정부 회장, 교촌에프앤비의 권원강 회장, 50대가 되어 맥도날드 사업을 시작한 레이크록, 60대에 KFC 프랜차이즈 사업을 시작한 할랜드. D. 샌더스 등 인생 후반부에 인생을 바꾼 사람은 많다. 그러니 **더 이상 늦었다는 말은 입 밖에 꺼내지 말자. 지금이 아니면 언제 하겠는가. 지금이 바로 인생의 골든타임이다.**

# 7

# 누구도
# 탓하지 마라

이 세상에서 제일 쉬운 게 뭔지 아는가? 바로 비난과 남 탓이다. 이것만큼 쉬운 게 없고, 이것만큼 속 편한게 없다. 누가 돈을 벌면 "저 사람은 잘못된 방법으로 부자가 됐을 거야"라고 말하면 되고, 좋은 성과를 내면 "운이 좋아서 그런 걸거야"라고 말하면 된다. 큰 성공을 거둔 사람에게는 "사기 쳐서 성공한 거겠지"라고 말하면 되고, 위인에게는 "시대를 잘 만나서 그런거겠지"라고 말하면 된다. 이렇게나 쉽고 빠르게 자기 위로를 할 수 있다. 이 말을 하면 내가 뒤처진 이유가 '내 문제'가 아니게 되므로 잠깐은 마음이 편해진다.

핑계도 마찬가지다. "나는 잘했는데 누군가가 망쳐서 이렇게 된거야", "시대가 안 맞아서", "흐름이 안 좋아서", "환경이 이래서" 이 또한 속은 편하다. '나는 잘했는데 다른 요인 덕에 결과가 좋지 않았다'는 결론으로 도망칠 수 있으니 말이다.

그런데 사실, 이 쉬운 말들 뒤에는 진짜 무서운 사실이 숨어 있다. 마음은 잠시 편할지 몰라도 어떠한 상황에서도 교훈을 얻어갈 수 없게 된다는 것이다. 교훈을 얻을 수 없으니 당연히 개선하거나 성장할 수 없고, 10년이 지나든 20년이 지나든 나아질 수 없다. 아마 그때에도 남 탓과 세상 탓을 하고 있을 것이다.

솔직히 나도 정말 억울한 상황에는 '이건 내 탓이 아닌데' 혹은 '주어진 환경이 더 좋았더라면'이라는 생각이 스쳐 지나가기도 한다. 하지만 그럴 때마다, 그 생각이 자라나기 전에 먼저 싹을 잘라낸다. 왜냐하면 그 생각을 키우는 순간, 내 인생의 핸들을 남에게, 외부 환경에 넘겨주기 때문이다.

나는 그럴 때마다 칭기즈 칸 을 떠올리곤 한다. 칭기즈 칸 은 어릴 적 아버지를 잃었고, 초원을 떠도는 가엾은 소년이었다. 하지만 그는 나중에 거대한 제국을 만든 인물이 되었다. 그리고 그는 상황이 어떻든 핑계를 허락하지 않는 인간이었다. 마음이 약해질 때, 나는 이 칭기즈 칸 의 어록을 다시 꺼내 읽는다. 딱

한 번만 읽어도 절대 세상 탓, 남 탓, 환경 탓을 하지 말아야겠다
고 다짐하게 된다.

외롭다 말하지 말라. 나는 아홉 살에 아버지를 잃고 마을에서
쫓겨났으며, 그림자 말고는 아무런 친구도 없었다.

가난하다고 말하지 말라. 나는 황량한 초원에서, 불타는 태양과
눈보라 속에 풀뿌리와 들쥐를 잡아먹으며 생명을 연명했다.

힘들다 말하지 말라. 나는 집 안에 머물지 못했으며 전 세계를
누비고 달렸다. 목숨을 건 전쟁이 곧 내 직업이고 일이었다.

작은 나라에서 태어났다고 말하지 말라. 나의 제국은 10만 병사로
세계를 평정했고, 200만이 되지 않는 나라에서 태어나 자랐다.

배운 게 없다고 말하지 말라. 나는 내 이름도 쓸 줄 몰랐으나, 남
의 말에 귀를 기울이며 현명해지는 법을 배웠다.

힘이 없다고 말하지 말라. 나는 목에 칼이 꽂히고도 탈출했고,
뺨에 화살을 맞고도 죽었다가 살아나기까지 했다.

적은, 바깥에 있는 것이 아니라 내 안에 있는 것이다. 나는 내게
거추장스러운 것을 깡그리 쓸어 버렸다.

내가 나를 극복하는 그 순간, 나는 무적의 '칭기즈 칸'이 되었다.

(칭기즈 칸 1162-1227)

칭기즈 칸 의 독백은 수백 년이 지난 지금도 유효하다. 그는 우리가 내뱉는 모든 핑계를 단 한 문장으로 압도한다. '적은 바깥에 있는 것이 아니라 내 안에 있는 것이다.' 우리는 끊임없이 외부에서 적을 찾아 헤맨다. 불경기를 탓하고, 부모의 재력을 탓하고, 시대를 탓한다. 하지만 그 모든 비난은 사실 내 안의 나약함을 가리기 위한 화려한 가면일 뿐이다. 가면을 쓰고 있는 동안에는 마음이 편할지 모르지만, 그 가면이 당신을 부자로 만들어주지는 않는다.

남 탓과 환경 탓을 하는 행위는 내 인생의 운전석을 타인에게 양보하는 것과 같다. "누구 때문에 망했다"라고 말하는 순간, **그 사람에게 내 인생을 망칠 권한을 부여하게 된다.** "환경이 안 좋아서 안 된다"라고 말하는 순간, 내 삶의 주도권은 보이지 않는 외부 요인에게 넘어간다. 운전대를 놓친 자동차는 결코 내가 원하는 목적지에 도달할 수 없다. 그저 도로의 굴곡이나 타인의 움직임에 따라 이리저리 휘둘릴 뿐이다.

성공한 이들의 공통점은 명확하다. 어떠한 문제가 생기더라도 '내가 잘못해서'라며 잘못을 시인한다. 잠깐 비참할 수 있지만, 이게 곧 실력을 쌓는 일이다. 핑계를 멈추는 순간, '할 수 있는 일', '해결할 방법'들이 보이기 시작하기 때문이다. 세상 탓을 하느라 낭비했던 에너지가, 오롯이 나의 실력을 키우는 동력으로 전환되기 때문이다. 칭기즈 칸 처럼 우리 안의 거추장스러운 핑계들을 깡그리 쓸어 버리자. 내 삶에 일어나는 모든 일들은 나로 인해 비롯되었고, 내가 해결해야 하는 문제라고 생각하자. '탓'이라는 내 안의 적을 굴복시키는 순간, 우리는 비로소 우리 인생의 주인이 될 것이다.

# 8

# 결핍을
# 원동력으로 쓰는 법

내가 어릴 적 우리 집에는 늘 빚이 따라다녔다. 빚뿐만 아니라 푸세식 화장실, 쥐와 바퀴벌레가 불쑥불쑥 튀어나오는 집, 겨울에는 오들오들 떨면서 씻어야 했던 부엌만 봐도 알 수 있었다. 어릴 적의 결핍은 성인의 결핍보다 더욱 뼈 아프다. 내가 통제할 수 없는 환경, 개선할 수 없는 환경이기 때문이다. 어릴 적 좋지 않은 상황은 나를 삐뚤게 만들 수도 있었다. 그러나, 언제부터였는지는 모르겠지만 다행히 어릴 적부터 '그럼에도 불구하고'를 종종 생각했다. '집은 어렵지만 바르게 자라자', '상황을 탓하지 말고 밝게 자라자'는 생각이 어린 나이부터 머릿속에 박혀

있었다.

그런 마인드 덕에 감사한 마음을 가지고 살았고, 아버지의 뒤치다꺼리와, 아버지가 집을 나간 상황에서 시부모님을 모시고 사는 어머니의 상황에 힘을 보태고 싶었다. 그래서 초등학교 6년간 돈을 500원, 1,000원씩 모아, 중학교에 입학할 때 교복을 스스로 맞춰입었고, 중학교 3년간 착실히 돈을 모아 고등학교 교복을 사입기도 했다.

그런데, 내가 고등학생이었던 어느 날이었다. 지금도 생생히 기억나는 가장 힘들었던 순간이다. 초인종이 반복해서 울렸고 사채업자는 문을 쾅쾅 두드렸다. 그 소리에 집 안이 흔들릴 정도였다. 밖에서는 아버지를 찾는 언성이 들려왔다. 실제로 아버지는 집을 나간지가 오래되었기에 답이 없는 상황에서 나는 방 안에서 숨을 죽이고 있었다. 대응을 못했다기보다는 솔직히 무서움에 떨고 있었다. 그 사람이 다녀간 뒤에도 마음은 쉽게 진정되지 않았다. 나는 방문을 닫고 방 안에 앉아 조용히 울었다. 속상했고 억울했고, 무엇보다 무서웠다. '왜 우리 집은 늘 이럴까'라는 생각이 목구멍까지 올라왔다.

그때였다. 어디서 들었는지 기억도 나지 않는 문장이 떠올랐다. 나는 종이와 펜을 꺼내 그 문장을 그대로 적었다. 하나는

'10년 뒤에 보면 별 거 아니다.'였고, 또 다른 하나는 **"장애물도 넘어본 사람이 더 잘 넘는다."**라는 문장을 떠올리며 나에게 오는 역경들을 발판으로 삼기로 했다.

이 문장과, 이 문장에 담겨있는 결심은 질풍노도 시절의 나를 삐뚤어지지 않도록 잡아주었고, 무탈히 건강한 어른으로 성장할 수 있도록 도와주었다. 무엇보다도 이 마인드 덕에 나는 가난을 탓하기보다 힘든 상황에서도 가족을 걱정하는 마음을 배울 수 있었다.

성인이 된 뒤에도 위기는 반복해서 나타났다. 끝날 것 같던 가난은 되풀이 되었고, 아버지의 빚을 갚으면 새로운 빚이 나타났고, 새로운 빚을 갚으면 또 다른 빚이 나타났다. 그때 나는 '좌절할 것인가? 극복할 것인가?'의 기로에 놓였다. 하지만 학창 시절에 적었던 '장애물도 넘어본 사람이 더 잘 넘는다.'라는 문장을 떠올리며 나에게 오는 역경들을 소용돌이가 아닌 '발판'으로 다루기 시작했다. 힘들 때마다 더 크게 한숨 쉬는 사람이 아니라, 힘들 때 더 선명하게 계획을 세우는 사람이 되고 싶었다. 그때부터는 결핍을 부끄러움이 아니라 서사로 바꿨다.

철학자 니체는 **"나를 죽이지 못하는 고통은 나를 더 강하게 만든다."**라고 말했다. 난 이 명언을 가장 좋아한다. 단순히 문장력이 좋거나 멋있어서가 아니라 꼭 내 인생을 말하는 것 같았고, 나에게 응원을 주는 것 같았다.

나를 죽이지 못하는 고통이 나를 더 강하게 만드는 이유는 고통이 우리 안에 불씨를 만들기 때문이다. 풍요로움만 가득했던 사람은 절대 가질 수 없는 불씨 말이다. 배부른 사자는 사냥하지 않지만, **굶주린 맹수는 단 한 번의 기회를 잡기 위해 자신의 모든 것을 건다. 결핍은 우리 인생에서 바로 그 '맹수의 감각'을 깨우는 도구가 된다.**

많은 이들이 자신의 불우한 환경을 '뒤처진 출발선'이라 생각 하지만 결핍은 더 멀리 날아가기 위해 활시위를 뒤로 최대한 당기는 과정이다. 시위가 뒤로 당겨질 때 화살은 뒤로 밀려나는 것처럼 보이지만, 사실 그것은 엄청난 탄성에너지를 축적하는 중이다. 손을 놓는 순간, 그 화살은 가장 평온하게 서 있던 화살보다 훨씬 더 빠르고 강력하게 목표를 향해 날아간다.

어린 시절 내가 스스로 교복 값을 모으고, 사채업자의 위협 속에서 문장을 적어 내려갔던 시간들은 나의 활시위를 극한까지 당기는 과정이었다. 그때 축적된 탄성과 위기를 이겨내는 극복능력은 나에게 그 어떤 풍파에도 굴하지 않고 앞으로 나아갈 수 있는 힘을 주었다. 남들이 작은 돌부리에 걸려 넘어져 울 때,

나는 넘어져도 다시 일어날 수 있는 자세와 태도를 갖게 된 것이다.

가난을 '발판'으로 정의하기 시작했을 때, 나의 가난은 더 이상 숨기고 싶은 치부가 아니었다. 그것은 내가 세상을 바라보는 눈을 깊게 만들었고, 타인의 아픔에 공감할 줄 아는 마음을 선물했다. **만약 자신에게 결핍이나 고통이 있다면 이를 상처로 여기지 말고 원동력으로 활용하라. 그 고통이 나에게 강력한 연료를 채워줬다고 믿어라.** 그리고 스스로를 장애물을 넘어설 수 있는 사람이라고 믿어라. 나중에 시간을 돌아봤을 때 "그때의 결핍 덕분에 내가 여기까지 올 수 있었다"라고 말할 수 있다면, 결핍과 고통 또한 삶의 아름다운 추억의 한 조각이 될 수 있다.

**9**

# 기한 없는
# 각오는 독이다

나는 "평생 치열하게 살아야 한다"는 말을 그리 좋아하지 않는다. 달릴 때가 있으면 걸을 때도 있어야 하고, 때로는 멈춰 서서 주변의 풍경을 감상할 줄도 알아야 하기 때문이다. 정상으로 최대한 빠르게 올라가는 것도 하나의 등산 방법이겠지만, 내가 생각하는 좋은 등산은 결국 개인의 취향과 체력에 맞춘 등산이다. 누군가는 거친 숨을 내뱉으며 고지를 탈환하는 것에서 쾌감을 느끼고, 누군가는 들꽃을 보며 천천히 걷는 것에서 평온을 얻는다.

삶 역시 마찬가지다. 대한민국 5,000만 명의 사람에게는

5,000만 개의 길이 있듯, 저마다의 속도와 방식이 존재한다. 그 중에서 내가 추구하는 방식은 명확하다. 단거리 질주를 통해 내가 원하는 성취를 미리 만들어 놓고, 남은 인생은 그것을 누리며 여유롭게 살아가는 것이다. 마음먹은 시간에는 그 누구보다 치열하게 살되, 경제적 자유를 일구어 즐기고 싶을 때에는 언제든 삶의 풍류를 즐기겠다는 마인드다.

흔히 '인생은 마라톤'이라며 페이스 조절을 미덕으로 배우지만, 자본주의에서의 성장은 마라톤보다 단거리 스퍼트에 가깝다. 처음에 빠르게 스퍼트를 하면 체력이 고갈되는 마라톤과 달리 인생은 치열하게 한 번 살아내어 '임계점'을 돌파해본 경험이 오히려 더 큰 열정을 불러일으킨다. 체력이 바닥나는 게 아니라 성취라는 도파민이 에너지를 다시 채우기 때문이다.

왜 하필 '1년'인가? 인류 역사는 위대한 도약이 결코 '평생의 꾸준함'에서만 나오지 않는다는 것을 증명한다. 대표적인 사례가 아이작 뉴턴이다. 1665년, 영국에 페스트가 창궐하여 모든 대학이 폐쇄되자 뉴턴은 고향으로 내려가 철저히 고립된 시간을 보냈다. 훗날 역사는 이 시기를 라틴어로 '경이로운 해Annus Mirabilis'라고 부른다. 만유인력의 법칙, 미적분법, 광학의 기초가 모두, 단 1년의 고립과 몰입 속에서 탄생했기 때문이다. 인류의

패러다임을 바꾼 천재조차 평생이 아닌, 마감 기한이 있는 지독한 1년을 통해 자신의 정점을 찍었다.

1년은 인간의 의지가 꺾이지 않으면서도, 가시적인 '인생 역전'을 만들어낼 수 있는 가장 완벽한 전략적 단위다. 1, 2개월의 시간은 변화를 이루기에는 짧고, 5년이나 10년 같은 긴 기간은 긴장을 늦춘다. 기한이 너무 길면 '아직 시간이 많다'는 착각에 빠져 '오늘 하루쯤은'이라는 타협을 낳기 때문이다. 반면 1년은 씨를 뿌리고 수확하는 사계절의 사이클을 온전히 겪으며, 한 분야의 '임계점(J-커브)'을 뚫어내기에 가장 적합한 시간이다.

내가 시간을 강조하는 또 다른 이유는 '마감 기한'이 있어야 전력 질주를 할 수 있기 때문이다. '파킨슨의 법칙Parkinson's Law'을 들어본 적이 있는가? 영국의 경영학자이자 역사학자인 시릴 노스코트 파킨슨Cyril Northcote Parkinson이, 1955년《이코노미스트The Economist》지에서 발표했던 이 법칙은 원래 관료 사회의 비효율성을 꼬집기 위해 탄생했다. 당시 그는 영국 해군의 함정과 군인 수는 줄어드는데, 정작 행정 업무를 담당하는 공무원의 수는 매년 약 5~6%씩 증가하는 기이한 현상을 목격했다. 일의 양과 상관없이 '업무는 그것을 완수하는 데 할당된 시간만큼 팽창한다'는 사실을 발견한 것이다. 우리 또한 어떠한 프로젝트를 진행할 때 시간이 끝없이 늘어나기도 하지만 당장 이번 달까지 끝내라고 지시를 받거나, 반드시 기한 내에 끝내야 하는 상황 내에서는 초인적인 힘을 발휘하지 않는가.

전 세계에서 이를 가장 실전적으로 활용하는 사람은 아마 일론 머스크일 것이다. 월터 아이작슨이 쓴 그의 전기에는 머스크 특유의 '초압축 마감 기한'에 대한 일화가 수없이 등장한다. 스페이스X 초기, 로켓 발사가 연이어 실패하고 자금이 바닥나던 절체절명의 순간에도 그는 엔지니어들이 "몇 달은 걸린다"고 보고한 작업을 "며칠 내로 끝내라"고 몰아붙였다.

그가 연구원들에게 이토록 말도 안 되는 지시를 내린 이유는 단순히 성격이 급해서가 아니었다. 머스크는 인간이 넉넉한 기한을 받는 순간, 본능적으로 그 시간을 채우기 위해 복잡한 절차와 불필요한 공정을 스스로 만들어낸다는 사실을 꿰뚫고 있었기 때문이다. 그는 시간이라는 자원을 극한까지 압축함으로써, 문제의 본질만 남기고 나머지는 깡그리 걷어내게 만들었다. 그렇게 탄생한 '미친 기한'은 불가능해 보이던 목표를 현실로 바꿔놓는 강력한 동력이 되었다.

나 역시 그랬다. 내 인생에서 가장 간절했던 1년은 2022년, 전역을 앞둔 해였다. 정확히 말하면 1년이 아닌 9개월이었다.

2월 말 전역 발표가 나고, 2022년 11월 30일이라는 전역 일자가 정해졌기 때문이다. 9개월 뒤에 군인이라는 울타리가 사라진다는 사실은 나를 완전히 다른 사람으로 바꿔놓았다. 전역일이라는 명확한 마감 기한이 없었다면, 나는 아마 '나중에 사회 나가면 슬슬 준비해야지'라는 막연한 낙관론에 취해 오늘 할 일을 내일로 미뤘을 것이다. 하지만 마감이 정해지자 9개월을 월 단위, 주 단위로 쪼개게 되었고, SNS 채널 개설부터 독서 리스트까지 정교한 액션 플랜을 세웠다. 9개월의 플랜을 월 단위로 쪼개고, 월 단위 플랜을 주 단위, 일 단위로 쪼개며 하루하루를 온전히 집중해서 살았다. 결론적으로 마감 기한에 쫓겼던 9개월의 시간은 성공적인 전역 준비를 도왔고, 새로운 나를 탄생시켰다.

인생을 80년이라고 가정했을 때 1년은 고작 전체의 1.25%에 불과하다. 하지만 이 1.25%의 시간을 어떻게 쓰느냐에 따라 나머지 시간의 삶의 질이 결정된다. 기한 없는 노력은 사방으로 흩어지지만, 마감 기한은 그 에너지를 한 점에 모아 강력하게 만든다.

1년이라는 명확한 마감 기한은 타협의 퇴로를 완벽히 차단한다. "평생 이렇게 치열하게 살아라"고 하면 본능적인 거부감에 도망치고 싶겠지만, "딱 1년만 미쳐라"라는 제안은 '이 정도면 한번 해볼 만하다'는 심리적 수용을 만들어낸다. 끝이 보이지 않는 막연함은 두려움을 낳지만, 기간이 정해진 노력은 강력한 자기 통제력과 절제력을 발휘한다. 이 1년의 기한 덕분에 우리는 평소 좋아하던 것을 잠시 끊어내고, 목표에 방해가 되는 것들을 과감히 치워낼 에너지를 얻는다.

기한 없는 각오는 스스로를 지치게 하는 독이지만 마감 기한이 있는 각오는 인생을 바꾸는 가장 강력한 촉매제다. 1년이라는 기한을 설정하는 순간, 당신은 '언젠가'라는 희망 고문에서 벗어나 '지금 당장'이라는 실행의 영역으로 진입하게 될 것이다.

# 10

# '아는 것'과
# '하는 것'의 차이

현대 사회는 역사상 유례없는 '지식 과잉'의 시대다. 스마트폰 하나면 하버드 석학의 강의부터 수천억 자산가의 노하우까지 단 몇 분 만에 '검색'할 수 있다. 수많은 이들이 성공을 갈망하며 자기계발 유튜브를 탐독하고, 베스트셀러를 읽으며, 수십, 수백만 원짜리 유료 강의를 결제한다. 하지만 냉정하게 주변을 보라. 그렇게 지식을 쌓은 수만 명 중 진짜 인생을 바꾼 사람은 몇 명이나 되는가?

유튜브 영상, 책, 강의가 잘못되었다는게 아니다. 많은 사람들이, 실행이 빠진 '지식의 함정'에 빠져있기 때문이다. '지식 비만'이라는 표현이 적합할 것 같다. 우리는 새로운 정보를 접했을 때 '이거 이제 내가 아는 거야'라는 생각과 동시에, 그것의 일부를 이룬 것 같은 착각을 일으킨다. 부동산 강의를 듣고 나면 이미 건물주에 근접해진 것 같고, 성공한 사업가의 강연을 듣고나면 나도 곧 유니콘 기업의 대표가 될 것 같은 근거 없는 자신감이 차오른다.

그러나, 실행이 따르지 않는 지식 습득은 그저 뇌를 즐겁게 하는 자극제일 뿐, 당신의 현실이나 통장 잔고를 단 1원도 바꿔주지 못한다. 아는 것만으로는 힘이 되지 않는다. 그것을 행동으로 옮겨 결과를 만들어낼 때만 비로소 힘이 된다. 아는 단계에서 멈추는 지식은 오히려 우리의 발목을 잡는 '지식 비만'에 불과하다.

아는 것과 하는 것 사이에는 엄청난 차이가 있다. 진정한 지식, 즉 '지혜'는 머리가 아니라 발바닥에서 나온다. 직접 시장에 나가 부딪히고, 거절당하고, 실패도 해보고, 다시 일어서는 처절한 과정에서 몸에 새겨진 것만이 진짜 내 것이다. 지식의 양이 성공을 결정한다면, 도서관 사서나 대학교수들이 전 세계 최고의 부자가 되어야 마땅하다. 하지만 현실은 어떤가? 시장이라는 야생에서 굴러먹으며 투박한 실행력을 발휘하는 사업가와 투자자들이 그 자리를 차지하고 있다.

**즉 성공은 '검색'의 결과물이 아니라 '경험'의 전리품이다. 지식은 우리의 뇌를 채우지만, 경험은 우리의 현실을 바꾼다. 100가지를 아는 사람보다, 한 가지를 제대로 실행해 본 사람이 무서운 이유가 바로 여기에 있다.**

3년 전 나는 '아웃풋 독서노트'라는 걸 만들었다. 책만 많이 읽는 '독서가'가 아닌 현장에서 부딪히는 '실행가'가 되고 싶었기 때문이다. '책을 많이 읽으면 삶이 변한다.'라고 모두가 잘못된 믿음을 갖고 있을 때 나는 '책을 읽고 **실행**할 때에 삶이 변한다.'라는 진리를 깨달았다. 그래서 늘 책을 읽거나 유튜브 영상을 볼 때 직접 제작한 아웃풋 독서노트를 한 편에 펼쳐놓는다. 그리고 멍하니 '아 그렇구나'하고 바라보는게 아니라, 내 삶에 어떻게 적용할지를 끊임없이 고민한다. 와닿은 문장이 있으면 필사를 넘어 내 생각, 견해를 적는다. 그리고 내가 이 노트를 만든 이유이자 성공의 핵심 포인트인 '나에게 적용할 점'을 적는다. 이 적용점을 실행하기 이전에는 절대 다음 책이나 배움으로 넘어가지 않겠다고 다짐하며 지금 상황에서 현실적으로 할 수 있는 것들을 적는다. 가령 '부자가 되고 싶다면 부자들이 모여있는 곳으로 가라.'라는 문장을 접했다면 성공한 사업가가 진행하는 강연에 참여하거나 재테크 행사, 독서모임 등에 참여하는 식이다. 그리고 '실행'이라는 것이 실제로 해내기에는 가볍지 않다는 것을 알기에 '나에게 적용할 점'은 가급적 3개 이하로 적는다.

내가 실행에 대해 강조하는 이유가 또하나 있다. 그건 바로 실행에는 가속도가 붙기 때문이다. 예전에 실행의 중요성을 깨달았을 때의 나는 '아웃풋은 지식 곱하기 실행'이라는 생각을 했었다. 그러나 시간이 더 흘러 몇 년간의 실행을 경험해본 결과, '아웃풋은 지식 곱하기 실행의 제곱'이라고 생각을 바꿨다. **실행에는 가속도가 붙는다는 것을 깨달았기 때문이다. 실행을 하다보면 어느새 '실행'이 자연스러워진다. 머뭇거리고 망설였던 시간은 사라지고 과감한 도전만이 남는다.** 이건 성향이 I(내향형, Introversion)냐, E(외향형, Extroversion)냐와는 전혀 무관한 '과감함'이다. 실행을 많이 하다보면 거절당하는 것과 실패하는 것이 얼마나 자랑스러운 것이고, 그것으로 배우는 것이 얼마나 큰지를 깨닫기 때문이다.

많은 이들이 실행을 주저하는 진짜 이유는 '실패'가 두렵기 때문이다. 아는 단계에 머물러 있으면 실패할 일도, 망신당할 일도 없다. 단, 실패가 없다는 건 반대로 얘기하면 경험과 교훈 또한 없다는 말이기도 하다. 그리고 이 세상의 진리 중 하나는, 경험과 교훈 없이는 성공을 가져갈 수 없다는 것이다. **도전하거나 실패하지 않고 성공을 바라는 심보는 도둑 심보에 가깝다.**

내 인생이라는 경기장에서 나는 그저 바라보는 '관객'인가, 아니면 직접 뛰는 '플레이어'인가? 관객과 플레이어는 모두 전광판의 스코어를 알고 있다. 경기의 흐름이 어떻게 돌아가는지, 누가 잘하고 누가 실수하는지도 똑같이 지켜본다. 하지만 이 둘 사이에는 결코 좁힐 수 없는 자본의 격차가 존재한다. **관객은 입장료를 내고 들어가 누군가의 성취에 박수를 치며 돈을 쓰는 사람이고, 플레이어는 경기장에서 땀을 흘리며 그 모든 부와 명성을 벌어가는 사람이다.**

인생도 똑같다. 유튜브를 보고 책을 읽으며 "아, 저 사람 대단하네", "아 그런게 있구나"하고 감탄만 하는 사람은, 콘텐츠 조회수와 책값을 지불하는 충성스러운 관객일 뿐이다. 반대로 부족하더라도 배운 것을 곧장 실행으로 연결하는 사람은 필드 위를 달리는 플레이어다. 관객은 아무리 지식이 많아도 경기 결과에 영향을 줄 수 없지만, 플레이어는 직접 스코어를 바꿀 수 있다.

많은 이들이 완벽한 지식을 쌓은 뒤에 경기에 뛰겠다고 말한다. 조금만 더 알아보고 실행하겠다고, 준비가 더 되면 그때 제대로 해보겠다고 말이다. 하지만 그 준비는 절대 끝나지 않으며 완벽한 때는 오지 않는다. 지금도 준비는 충분하다. 아니, 부족해도 상관없다. 플레이어는 경기를 뛰며 성장하는 법이다. 이제 책장을 넘기는 것으로만 끝내지 말고, 이를 적용하여 당신만의 경기를 시작하라.

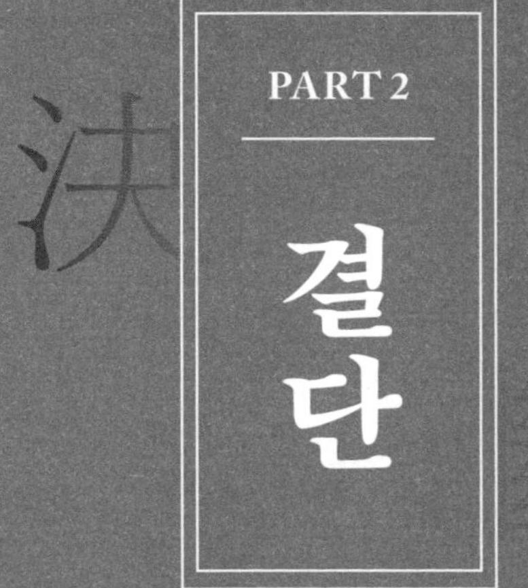


PART 2

결단

: 미치기 위해 버려야 할 것들


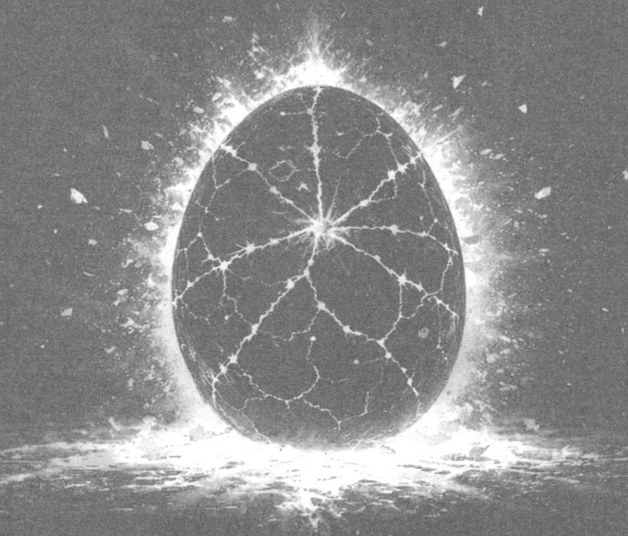

# 決斷
## 결단

決 **결단할 결** : 끊다, 가르다, 정하다
斷 **끊을 단** : 자르다, 이어진 것을 끊다

나와 이어져 있던 것들을
의도적으로 끊는 행위

결단은 단순한 선택과 결정이 아니다. **나와 이어져 있던 것들을 의도적으로 끊는 행위**이다. 결단은 단어의 의미에서도 알 수 있듯이 '하겠다'가 아니라 '버리고 끊어내는 것'이다. 끈기의 시작은 끊기로부터 나온다고 했다. 그동안 붙잡고 있던 것들을 내려놓지 않으면 아무 것도 해낼 수 없다.

'원숭이 덫'이라는 우화가 있다. 작은 통 안에 바나나를 넣어두면 원숭이는 손을 넣어 바나나를 움켜쥔다. 하지만 바나나를 쥔 손은 구멍을 빠져나오지 못한다. 원숭이는 바나나만 놓으면 도망칠 수 있지만 놓지 못한다. 결국 원숭이를 잡는 건 덫이 아니라, **놓지 못하는 마음**이다.

성공은 여러 가지가 동시다발적으로 이루어지는 구조가 아니다. 단 하나에서 폭발적인 성과를 내어 다른 모든 것들을 상쇄하거나, 끌어안는 구조이다. 그리고 단 하나를 성공시키기 위해 다른 무언가를 반드시 내려놓아야 한다. 그것이 바로 결단이다.

하지만 대부분 사람들은 무언가를 해보겠다는 마음만 먹을 뿐 결단을 하지 않는다. 예를 들어, 돈을 벌고 싶다고 말하면서도 매달 카드값과 할부라이프는 끊어내지 못한다. 다이어트를 하고 싶다고 말하면서도 정크푸드와 술자리는 끊어내지 못한다. 자기계발을 통해 성장하고 싶다고 말하면서도 SNS 중독을 끊어내지 못한다. 버려야 할 것들이 명확한데 버리지 못하고 있는 셈이다.

인생이 잘 풀리지 않거나, 성장에 속도가 안나는 이유는 대개 능력이 부족해서가 아니다. 대부분은 '안 되는 이유'를 붙잡고 있기 때문이다. 내 시간을 뺏는 관계, 내 돈을 뺏는 소비, 내 정신을 뺏는 습관을 그대로 둔 채 "성공하고 싶다"라고 말한다. 손에 바나나를 쥔 채로 밖으로 나오려는 원숭이와 같은 꼴이다.

결단하라. 결단한 사람의 삶은 단순해진다. 마치 안개가 걷힌 도로처럼 가야 할 길이 또렷이 보인다. 선택지가 줄어들고, 갈림길 또한 사라진다. 결단의 과정에서 배수의 진을 친다면 힘은 배가 된다. 물러설 길을 스스로 없애고 안전장치를 제거하는 것이다. 인생을 바꾸는 시기에 '빠져나갈 구멍'을 남겨두면 그 구멍으로 빠져나가는 것이 인간의 **본능**이다. 우리는 본능적으로 두려움을 느낀다. 그래서 늘 '플랜 B'라는 안전장치를 만들어둔다. '이게 안 되면 저걸 하면 되지', '하다가 힘들면 다시 돌아가면 돼'라는 생각들이 바로 그 안전망이다. 하지만 역설적으로 이 안전망이 당신의 전력을 다하지 못하게 만드는 가장 큰 방해물이다.

인생을 바꾸는 1년의 몰입 과정에서 '빠져나갈 구멍'을 남겨두는 것은 가속 페달을 밟으면서 동시에 브레이크에 발을 올리고 있는 것과 같다. 인간의 뇌는 고통과 직면했을 때 가장 편한 길을 찾도록 설계되어 있다. 탈출구가 보이는 순간, 우리는 임계점을 돌파하기도 전에 그 구멍으로 도망쳐버린다. 성공한 이들이 하나같이 '배수의 진'을 강조하는 이유는 단순히 스릴을 즐기기 위해서가 아니다. 퇴로가 차단되었을 때 비로소 인간은 평소에 쓰지 않던 초인적인 잠재력을 끌어쓰기 때문이다. 내 시간을 뺏는 모임, 내 성장을 가로막는 습관, 나를 나태하게 만드는 편안한 환경을 단칼에 베어버려라. 끊어낸 자리가 아플수록 당신의 결단은 더 단단해지고 있다는 증거다.

**결단의 칼날로 당신을 붙잡고 있는 낡은 밧줄들을 끊어내라. 그**

밧줄들은 당신을 보호하는 생명줄이 아니라, 당신을 과거에 묶어두는 족쇄일 뿐이다. 족쇄가 풀린 발에는 가속도가 붙고, 비워진 손에는 비로소 당신이 그토록 원하던 새로운 기회가 쥐어질 것이다.

# 1

## 끊어낼 것 1:
## 가난한 생각

사람들은 흔히 가난을 '통장의 잔고'로 정의한다. 진짜 가난은 통장이 아니라 '생각'에 달려있다. 통장의 잔고가 적은 것은 인생의 특정 시기에 겪는 일시적인 현상일 뿐이다. 돈은 파도와 같아서 밀려왔다가도 썰물처럼 빠져나가고, 바닥을 쳤다가도 다시 차오르기도 한다. 하지만 '생각의 가난'은 스스로를 감옥에 가두는 꼴이다. 내가 부자가 될 수 있다는 상상 자체를 차단하고, 모든 기회 앞에서 안 되는 이유부터 찾아내며 뇌의 방어 기제를 펼친다. 이 정신적 가난을 끊어내지 못하면 로또 1등에 당첨되어 수십억 원이 생겨도 결국은 다시 가난한 상태로 회귀하게 된다.

가난한 생각은 우리에게 끊임없이 속삭인다.

"어차피 안 될 거야", "나는 금수저가 아니잖아", "요즘 세상에 자
수성가는 전설 속 이야기일 뿐이야."

이런 말들은 단순한 비관론이 아니다. 스스로의 가능성을
발목 잡는 족쇄이자, 변화라는 고통을 피하기 위해 뇌가 치는
'방어막'이다. 이 방어막을 뚫고 가난한 생각을 뿌리 뽑기 위한
3가지 결단이 필요하다.

## | 첫째, '근데'라는 말을 끊어내라 |

유독 인생이 풀리지 않는 사람들의 대화에는 공통된 패턴이
있다. 상대방이 유용한 정보를 주거나 새로운 제안을 할 때마다
약속이라도 한 듯 "근데…"라는 단어를 먼저 내뱉는다.

- **"이런 사업 아이템이 요새 뜬대요." → "근데 그건 자본이 많이 들잖
아요."**

- "이 책 한 번 읽어보세요. 인생이 바뀝니다." → "근데 저는 책 읽을 시간이 없어서요."

- "사람을 만나야 기회가 생깁니다. 네트워킹 나가보세요." → "근데 저는 낯을 많이 가려요."

- "운동은 의지가 아니라 시스템이에요. 예약부터 하세요." → "근데 지금은 너무 바빠서요."

'근데'라는 말은 변화를 거부하는 표현이자 인간의 본능이다. 새로운 시도를 하려면 에너지를 써야 하는데, 우리 뇌는 본능적으로 에너지를 아끼고 싶어 하기 때문이다. 그래서 '근데'라는 단어를 앞세워 기회를 발로 차버리고 기존의 모습대로 있으려 한다.

만약 당신이 '근데', '어차피' 같은 표현을 습관적으로 쓰고 있다면, 오늘부터 당신의 사전에서 이 단어들을 완전히 삭제하라. 대신 "어떻게How"라는 단어를 집어넣어라. "돈이 많이 들겠는데?"가 아니라 "돈 없이 시작하려면 '어떻게' 해야 할까?"로 문장을 바꾸는 것이다. 언어가 바뀌면 뇌의 검색 엔진이 달라진다. '근데'라고 말하는 순간 뇌는 가동을 멈추지만, '어떻게'라고 묻는 순간 뇌는 해결책을 찾기 위해 풀가동되기 시작한다.

가난한 생각을 가지고 있는 사람들은 대체로 과거에 머무르고 있다. 정확히 말하자면 과거의 실패에 머물러 있다. 이들은 과거에 무시당했던 기억, 돈 때문에 비참했던 순간, 실패했던 경험을 근거로 미래의 한계를 설정한다. 냉정하게 생각해보자. 과거의 데이터가 미래의 결과값을 결정한다는 법칙은 어디에도 없다. 그들은 과거의 실패를 단순한 '경험'으로 보지 않고 자신의 '정체성'으로 삼아버린 것이다. 한 번 사업에 실패했다고 해서 '사업에 소질 없는 사람'이 되는 것이 아니다. 단지 '사업의 한 과정을 배운 사람'이 되었을 뿐이다.

야구 경기에서 첫 타석에 삼진을 당한 타자가 두 번째 타석에 들어서며 "나는 삼진 전문 타자야. 이번에도 안 되겠지"라고 생각한다면 그 경기는 이미 끝난 것이나 다름없다. 프로는 앞선 타석의 실수를 잊고 오직 지금 날아오는 공에만 집중한다. 가난한 생각을 끊어낸다는 것은 **과거의 나와 지금의 나를 분리하는 일이다.** 어제의 당신이 가난했다고 해서 오늘의 당신까지 가난할 의무는 없다.

생각의 크기는 우리가 담을 수 있는 부의 크기를 결정한다. 쏟아붓는 물의 양이 아무리 많아도 그릇 자체가 작다면 많이 담을 수 없고, 그릇을 넘어선 물은 모두 넘쳐 흘러버리고 만다. 가난한 생각에 머물러 있다면 생각의 그릇을 키우기 위해 부단히 노력해야 한다. 그리고 이를 위한 가장 쉬운 노력은 '질문의 크기'를 키우는 것이다. 우리의 뇌는 답을 찾아내는 능력을 가지고 있다. 작은 답은 물론, 질문만 잘 던진다면 커다란 답도 모두 찾아낼 수 있다. 전에 질문의 중요성을 다룬 콘텐츠를 본 적이 있다. 그 콘텐츠에서는 질문의 중요성을 이렇게 표현했다.

"이번 달에 10만 원 더 벌 방법 없을까?"라고 묻는 사람은 절약을 떠올린다. "100만 원을 더 벌려면?"이라고 묻는 사람은 새로운 노동이나 부업을 생각한다. "1,000만 원을 벌려면?"이라고 묻는 순간 사업이나 구조를 떠올린다. 만약 "1억 원을 벌려면?"이라고 묻는 순간부터는 인력, 유통, 브랜딩, 레버리지 같은 단어들을 떠올릴 것이다. 즉, 질문의 크기가 생각을 크게 만들고 나아가 부의 크기를 정하는 것이다.

위 세 가지를 적용한다면 지금까지 가난한 생각을 가지고 있었던 사람도 빠른 시간 내에 부유한 생각을 가지게 될 것이다. 부유한 생각을 가진다고 해서 당장 통장이 두둑해지는 것은 아니다. 하지만 분명한 사실이 있다. 생각이 바뀌지 않으면 현실은 절대 바뀌지 않는다. 가난한 생각은 행동을 줄인다. 행동이 줄어들면 기회가 줄어들고, 당연히 결과도 작아진다. 그러니 부디, 오늘부터 가난한 생각을 끊어내고 기회를 끌어당기는 부유한 생각을 갖자. 이 생각의 변화는 앞으로 우리 인생의 궤적을 멋지게 바꿀 것이다.

# 2

# 끊어낼 것 2 :
# 태도와 습관

사람들은 스스로 좋지 않은 태도와 습관을 가지고 있는 것을 알면서도 이를 끊어내지 못한다. "내일부터는 진짜 운동해야지", "오늘까지만 술 마시고 내일부터는 공부해야지"라는 다짐은 무한히 반복된다. 태도와 습관을 끊어낸다는 것은 단순히 행동을 멈추는 것이 아니라, 과거의 나로부터 이어져 온 보이지 않는 사슬을 끊어내는 고통스러운 작업이다. 사소한 습관도 끊어내기가 힘든 법인데 나를 둘러싸고 있는 태도와 습관을 모두 끊어내기란 여간 어려운 일이 아니다. 하지만 다소 어렵더라도 이를 끊어내지 않으면 다음으로 나아갈 수가 없다.

우리가 일상에서 무심코 반복하는 태도에는 보이지 않는 '청구서'가 붙어 있다. 그 청구서는 시간이 지나야만 알아차릴 수 있는데, 하나 확실한 사실은 지금 당장 즐겁고 편안한 선택은 나중에 그만큼의 '고통'을 데려오고, 지금 힘들고 지루한 선택은 나중에 반드시 그만큼의 '즐거움'을 안겨준다는 것이다. 스마트폰을 들고 SNS를 넘기며 시간을 죽이는 것은 너무나 편안하다. 머리가 쉬는 것 같고, 당장의 스트레스가 풀리는 듯한 착각을 준다. 하지만 이 단기적인 쾌락이 지속적으로 오래 반복될 때 당신이 마주할 미래는 어떤가? 시간은 증발했고, 수면 패턴은 무너졌으며, 중요한 일들은 자연스레 뒤로 밀릴 것이다. 즉, 이것은 그냥 휴식이 아니라, 미래의 성취를 미리 가불(假拂)해 쓰는 '쾌락의 부채'인 것이다.

반면 독서, 운동 등 자기계발은 어떠한가. 처음엔 지독하게 재미없다. 의자에 엉덩이를 붙이는 것도 고역이고, 한 페이지 넘기는 것도 귀찮다. 그러나 그 인내의 끝에는 정돈된 생각과 단단해진 몸, 그리고 "나는 나를 통제할 수 있다"는 강력한 자존감이 기다리고 있다. 단기적인 편안함을 끊어내지 못하는 사람은 결국, 장기적인 고통을 느낄 수밖에 없다. 경제적인 것뿐만 아니라 사라진 시간, 나빠진 건강, 바닥난 자존감 등 다양한 형태로 청구된다.

범죄학에는 '깨진 유리창 이론'이 있다. 건물의 깨진 유리창 하나를 방치하면, 그 지점을 중심으로 범죄가 확산되고, 결국 건물 전체가 폐허가 된다는 이론이다. **우리의 인생도 똑같다. "오늘 하루쯤은 괜찮겠지"라며 방치한 사소한 나쁜 습관 하나가 우리 인생 전체를 무너뜨리는 신호탄이 된다.**

신용카드를 한 번 무심코 긁는다고 당장 파산하지 않는다. 하지만 그 '한 번'의 무책임한 태도가 습관이 되면, 어느새 당신은 들어오는 돈보다 나가는 돈이 많은 가난의 궤도에 서게 된다. 돌려막기를 하다가 눈을 뜨면, 어느새 가난이라는 현실에 마주해 있다. 파산은 결과일 뿐, 그 과정은 당신이 무심히 방치했던 작은 태도들의 합산이다.

부도 마찬가지다. 오늘 책 한 권 읽는다고 인생이 바로 바뀌진 않는다. 하지만 그 지식과 경험은 당신의 판단력을 미세하게 조정하고, 그 조정된 판단이 쌓여 다음 타석에서 더 좋은 공을 골라낼 수 있게 돕는다. 티가 나지 않던 첫 번째 '실행'들이 쌓여 실력이 되고, 어느새 당신은 주위 사람들보다 앞선 부유한 사람이 되어 있을 것이다. 삶은 결코 한순간의 요행으로 결정되지 않는다. 삶은 당신이 매일 선택한 태도와 습관의 '합산'이자 '복리'다. 나 역시 과거에는 가난한 태도의 노예였다. 하지만 내 인생의 주도권을 되찾기로 결단한 순간, 나는 내 성장을 방해하던 5가지 태도와 습관을 단칼에 베어버렸다. 이 내용은 이전 작 《부자들의 서재》에도 언급했지만, 지금 생각해봐도 너무나 잘 끊어낸 태도와 습관들이다.

**1. 가짜 만족을 모으는 습관** : 군 생활 시절, 내 소소한 취미이자 자랑은 면세 양주로 채워진 술장이었다. P.X에서 고가의 양주를 저렴하게 살 수 있다는 특권에 취해, 술을 모으고 감상하는 재미에 빠져 살았다. 하지만 어느 날 깨달았다. 부자의 집엔 술장이 아니라 거대한 서재가 있다는 사실을. 술장은 내 허리둘레를 늘리지만, 서재는 내 지식과 부의 그릇을 늘린다. 술을 치우고 책을 채우기 시작하자 어느새 독서하는 습관이 자리 잡히게 되었다. 당신이 무엇을 곁에 두느냐가 당신이 누구인지를 결정한다. 과시를 위한 수집을 멈추고 성장을 위한 축적을 시작하라.

**2. 수동적으로 끌려다니는 태도** : 일어나자마자 허겁지겁 출근하는 삶은 내 하루에 주도권을 내어준 삶이다. 나는 이 굴레

를 끊기 위해 30분 일찍 눈을 뜨기로 했다. 이 작은 30분의 차이는 아침뿐만 아니라 하루 전체를 바꾸어놓았다. 허둥지둥 출근 준비를 하고 좀비처럼 출근하던 삶에서 간단히라도 하루를 계획하고 출근하는 삶으로 변했다. 그 가치를 깨달은 이후 나는 30분, 또 다시 30분씩을 당겨 결국 새벽 4시 반에 일어나는 루틴을 만들게 되었다. 몰입 파트에서 더 자세히 다루겠지만, 생각하는대로 살지 않으면 사는대로 생각하게 된다.

3. 뉴스를 보는 습관 : 과거의 나는 뉴스를 봐야 지성인이라 착각했다. 하지만 뉴스의 90%는 사건 사고와 비극, 전쟁, 그리고 타인에 대한 비난이다. 매일 아침 그런 정보를 주입하니 세상은 온통 의심스럽고 흉흉한 곳으로만 보였다. 뉴스를 끊고 신문을 읽으면서부터는 필요한 정보만 골라 읽기 시작했다. 자극적인 영상 대신 텍스트로 정보를 접하자 세상을 보는 눈이 긍정적으로 바뀌었고, 불필요한 공포에서 해방되었다. 뿐만 아니라 같은 사건사고를 반복해서 보여주는 뉴스와 달리, 신문은 내가 주도적으로 선택하며 읽을 수 있었기에 시간까지 절약되었다.

4. 술자리를 만드는 습관 : 술자리를 주도하는 게 유능한 사회

생활인 줄 알았다. 하지만 그 시간을 끊고 나에게 집중하자 진정한 인간관계는 술잔이 아니라 나의 '인성'과 '실력'에서 나온다는 것을 깨달았다. 회식에 빠지는 이들을 이기적이라 생각했던 나의 편협함은 **사실 나 자신을 온전히 사랑하지 못했던 질투였음을 알게 되었다.** 모든 회식에 참여는 물론, 없던 회식까지 만들던 내 과거의 습관은 자신과의 시간을 모두 없애버리는 지우개였던 것이다. 이제는 회식이 아닌 나를 위한 시간, 가족과의 시간에 대부분의 시간을 쓴다. 그때마다, 진짜 중요한 것을 놓치고 있지 않다는 생각에 미소가 지어지기도 한다.

**5. 남 탓하는 태도** : 각성 파트에서도 다루었지만 남 탓은 성장에 독약이다. "저 사람 때문에", "세상이 나를 도와주지 않아서"라는 말은 가장 비겁한 도피처이기도 하다. 이유를 밖에서 찾는 한 나에게서 일어나는 변화는 단 1%도 없다. 모든 일의 원인을 나로 돌리는 '내 탓' 마인드를 갖자, 비로소 모든 실패가 나를 가르치는 교훈으로 변했다. 남을 바꾸는 건 불가능하지만 나를 바꾸는 건 언제든 가능하기 때문이다.

부와 가난은 어느 날 갑자기 벼락처럼 찾아오지 않는다. 그

것은 당신이 매일 선택한 사소한 태도와 습관의 '합산'이다. 가난을 예로 들어보자. 신용카드를 한 번 무심코 긁는다고 당장 파산하지 않는다. 하지만 그 한 번이 두 번을 낳고 세 번을 낳는다. 이 반복이 지속되면, 어느새 가진 것보다 더 소비하는 습관이 생기고, 들어오는 돈보다 나가는 돈이 많아진다. 이를 막기 위해 또 다른 신용카드를 만들고 돌려막기를 하다가 눈을 뜨면 어느새 가난이라는 현실에 마주해 있다. 파산과 가난은 결과일 뿐, 그 과정에는 과지출하는 소비 습관이 있었다.

삶은 합산이라는 것을 명심하고 가난을 불러오는 태도와 습관을 끊어내라. 당장은 어려울 수 있겠지만 현재의 쾌락 대신 더 달콤한 미래를 떠올려라. 나쁜 태도와 습관을 끊어낼 수 있어야만, 그 자리에 새로운 태도들이 자리잡을 수 있다.

**3**

# 끊어낼 것 3 :
# 불필요한 관계

2022년, 전역을 준비하던 9개월은 내 인생에서 가장 조용하면서도 가장 치열했던 시간이었다. 겉으로는 여전히 군인이었지만, 내 안에서는 이미 다음 인생을 준비하는 창업가이자 도전자가 깨어나고 있었다. 그 시기에 나는 많은 것을 정리했다. 소비습관, 시간 사용 방식, 생각의 방향. 그리고 무엇보다 사람과의 관계를 정리했다.

그때 읽던 책 한 권에서 이런 문장을 만났다.

"인생의 중요한 시기에는 주변을 잠시 끊어내라."

그 문장을 읽고 나는 책의 빈 여백에 이렇게 적었다.

"나는 지금 무언가를 준비해야 하는 시기이다. 마치 수험생과 같은 중요한 시기이다. 약속을 최대한 멀리하자. 아내와의 시간만 늘려가고, 이외의 사람들과의 시간은 모두 줄이자. 1년 후, 또는 성공한 뒤 만나도 충분하다. 나의 이러한 상황과 생각을 이해해주지 못하는 지인이라면 곁에 둘 필요가 없다."

사람 만나는 것을 그 누구보다 좋아하던 나에게는 거의 충격에 가까운 선언이었다. 나는 대학 시절 동아리 회장을 세 개나 맡았을 정도로 사람들과 함께 하는 것을 좋아했다. 사람들과 모여 이야기하는 것을 좋아했고 회식 자리를 사랑했다. 분위기를 띄우는 것도 잘했고 누군가를 챙기는 역할도 자주 했다. 군 생활을 하면서도 마찬가지였다. 공식 회식은 물론이고, 삼삼오오 모이는 약속에도 빠지지 않았다. 누군가 "오늘 한 잔?"이라고 하면 몸이 먼저 움직이는 사람이었다. 그런 내가 "관계를 끊겠다."라고 쓴 것이다.

솔직히 말하면 두려웠다. 혹시 사람들이 멀어지지 않을까. 나를 이상하게 보지 않을까. '변했다'는 말을 듣지 않을까.

하지만 전역 준비를 하던 그 시간은 내 성향을 거슬러서라도 끊어낼 것은 끊어내야 하는 시기였다. 나는 정말로 약속을 줄이기 시작했다. 친구들이 만남을 제안하면 일정이 있다거나, 준비 중인 일이 있어 어렵다고 말했다. "요즘 왜 이렇게 빼?"라는 말도 들었다. "성공하면 보자 이거야?"라며 농담 반 진담 반 핀잔을 주는 친구도 있었다.

마음 한 편이 불편했다. 예전 같았으면 결국 나갔을 것이다. 괜히 미안해서, 분위기 깨기 싫어서, 관계가 어색해질까 봐. 그런데 그때는 달랐다. 내 안에 기준이 생겼기 때문이다.

> "지금은 끊어내야 할 때다.
> 지금은 미래에 집중해야 할 때다."

나는 부대원들과의 술자리도 나가지 않았다. 우리 부서 회식은 물론이고, 심지어 대대장님이 주관하는 공식 회식 자리도 변명을 대며 빠졌다. 공부해야 할 게 있다고 하면 괜히 잔소리를 듣거나 꼬드김을 당할까 봐 비싼 수업을 결제해놓아서 빠질 수 없다고 말하기도 했다. 엄밀히 말하면 완전한 진실은 아니었다. 하지만 그만큼 절박했다.

신기하게도 양심의 가책은 거의 없었다. 예전의 나라면 사람을 실망시켰다는 생각에 며칠은 괴로웠을 것이다. 그런데 그 시기에는 오히려 마음이 단단해졌다. 나는 내 인생의 중요한 구간을 지나고 있었다. 이 시기를 흐트러뜨릴 권리를 그 누구에게도 주고 싶지 않았다. 약속뿐만이 아니었다. 각종 부탁도 정중히 거절했다. 예전의 나는 '좋은 게 좋은 거지'라는 말에 약했다. 남의 부탁이라면 내 시간과 에너지를 써서라도 들어주는 편이었다. 착한 사람으로 보이고 싶었고, 관계 속에서 좋은 평판을 유지하고 싶었다. 하지만 그때 나는 더 이상 '착한 사람'이 되지 않기로 했다. 대신 '목표를 향해 가는 사람'이 되기로 했다.

중요한 시기를 통과하는 동안 내 시간을 남에게 빼앗길 수 없었다. 한 번 허락하면 계속 허락하게 되고, 한 번 양보하면 계속 양보하게 된다는 걸 알았기 때문이다. 그러자 놀라운 일이 벌어졌다. 관계를 잠시 끊어내고 거절을 시작하자 하루가 길어졌다. 밤이 깊어도 체력이 남아 있었다. 고정적인 시간이 확보되기 시작했고, 시간이 확보되니 집중력이 살아났다. 사람들과 보내느라 흩어졌던 에너지가 한 방향으로 모였다. 책 읽는 시간이 늘었고, 생각하는 시간이 깊어졌고, 실행의 밀도가 높아졌다.

나는 그때 처음으로 깨달았다.


"나는 그동안 시간이 없었던 게 아니라,

시간을 흘려보내고 있었구나."

　　많은 사람은 관계를 줄이면 인간관계가 망가질까 봐 두려워한다. 나 역시 그랬다. 하지만 직접 해보니 현실은 정반대였다. 오히려 관계가 더 선명해졌다. 누가 내 결단을 존중해주는지, 누가 내 상황을 이해해주는지, 누가 나를 조롱하는지 분명히 드러났다. 그리고 더 놀라운 사실은 이것이었다. **내가 진짜 소중하다고 생각했던 관계는 하나도 끊어지지 않았다는 것이다.**

　　그때 잠시 끊어내는 시간을 가졌지만, 오랜 동네 친구들과는 여전히 연락을 주고받고 좋은 관계를 유지하고 있다. 군 시절 가장 빛나던 시간을 함께했던 전우들과도 종종 안부를 나눈다. 잠시 멀어졌을 뿐, 관계는 사라지지 않았다. 오히려 더 단단해졌다. **그리고 서로의 시기를 존중해주는 관계는, 시간이 아니라 태도로 이어진다는 것을 뼈저리게 배웠다.**

　　불필요한 관계를 일시적으로 끊어내는 것은 사람을 버리는 행위가 아니다. 그건 내 시간을 되찾는 행위이며, 내 에너지를 다시 나에게로 돌려놓는 결단이다. 그리고 무엇보다 중요한 것은, 그 과정 속에서 진짜 내 사람을 가려내게 된다는 점이다. 관계를 정리하는 용기가 없다면, 인생을 재정렬할 용기도 생기지 않는다. 모두를 품으려 하면 결국 나를 잃는다. 하지만 중요한 시기에 과감히 끊어낼 수 있다면, 그때 비로소 나는 나의 인생을 붙잡고 사는 사람이 된다.

# 4

# 끊어낼 것 4 : 물질적 사치

인생을 바꾸기 위한 결단을 할 때, 가장 먼저 점검해야 할 것 중 하나는 우리의 지갑 그리고 소비패턴이다. 더 정확히 말하면, 당신의 지갑이 향하는 '방향'을 점검해야 한다. 많은 이들이 부의 궤도에 오르기도 전에 부자의 흉내를 내느라 에너지를 소진한다. 여성들은 수백만 원을 호가하는 가방에, 남성들은 자신의 수입을 한참 넘어서는 자동차나 시계에 집착한다. 이것은 단순한 취향의 문제가 아니다. 우리의 정체성을 외부의 물건으로 증명하려는 사치이자, 스스로를 가난의 늪으로 밀어 넣는 가장 확실한 방법이다.

이 현상을 이해하기 위해 우리는 100여년 전의 한 경제학자에게 주목할 필요가 있다. 바로 소스타인 베블런Thorstein Veblen이다. 그는 1899년 출간한 명저 《유한계급론》에서 '과시적 소비Conspicuous Consumption'라는 개념을 세상에 내놓았다. 베블런은 역사상 가장 부유했던 부자 존 D. 록펠러John Davison Rockefeller, 철강왕 앤드루 카네기Andrew Carnegie와 같은 거대 자본가들이 미국 경제를 주무르던 사치의 시대에 살며 인간의 본성을 꿰뚫어 보았다.

그의 이론에 따르면, 인간은 단순히 생존이나 필요를 위해 물건을 사지 않는다. 자신의 부와 지위를 과시하기 위해, 즉 주변 사람들의 부러움을 사기 위해 의식적으로 낭비하는 소비를 택한다. 베블런은 부의 과시를 위한 가장 명백하고 효과적인 형태는 가면을 쓴 무도회라고 말했다. 즉, 사치스럽고 낭비적인 오락과 소비를 통해 "나는 이만큼 우월한 계급이다"라는 것을 증명하려 한다는 것이다.

허세로 가득 찬 이러한 본능은 상류층뿐만 아니라 사회 모든 계층, 심지어 가장 빈곤한 계층에서도 나타난다고 경고했다. 내가 가난하지 않다는 것을 증명하기 위해, 혹은 가난해 보이지 않기 위해 돈을 탈탈 털어 명품 가방을 사고 외제차 할부금을 내는 것이다. 오늘날의 명품 회사들은 이 베블런의 통찰을 마케팅의 방법으로 이용하기도 한다. 그들은 제품의 기능을 파는 것이 아니라 '주변의 시샘 어린 시선'을 판다. 당신이 명품 로고를 몸에 두르는 순간, 우리는 베블런이 말한 '과시적 소비의 노예'가 되는 셈이다.

나는 가장 뜨겁게 살았던 시기를 10년 된 중고 K3와 함께 했다. 사촌동생이 타던 차를 값싸게 얻어왔고, 이 차 덕에 부동산 임장도 전국 곳곳으로 다닐 수 있었다. 차를 사는 순간부터 내 집 마련이라는 목표를 달성하기 전까지 이 차와 함께 하기로 했고, 첫 번째 그리고 두 번째 집을 계약할 때 모두 이 차를 타고 가서 계약했다. 이 차는 단순 이동 수단이 아니라 내가 가장 치열하게 살던 때의 나의 '벗'이었다.

전역 이후, 월 순이익이 1,000만 원이 넘은 순간에도 나는 늘 K3와 함께 했다. 잔고장이 많아지고 차에서 소리가 나기도 했지만, 내가 원하는 만큼의 부를 얻기 전까지는 차를 바꾸지 않겠다고 스스로와 약속했다. 부를 이룬 뒤 좋은 차를 타는 것이 맞는 순서이지, 그렇지 않은 단계에서 좋은 차를 타는 것은 허세이자 낭비라고 생각했기 때문이다.

그런데 어느 날, 아내를 옆에 태우고 운전을 하던 중 쿵 소리와 함께 갑자기 차가 좌우로 흔들리고 핸들 조향이 되지 않는 아찔한 상황을 겪었다. 그때 이후, 더 이상은 위험하다고 생각해 새로운 차로 바꾸긴 했지만 나에게 차량은 과시의 수단이 아니라 성장의 과정을 함께 하는 노력의 증표이자 벗이었다. 그렇기에 로고도, 배기량도, 크기도 중요하지 않았다.

만약 내가 당시 남들의 시선을 신경써서 '그래도 대위인데 중형차 정도는 끌어야지'라고 했거나, 또는 더 무리하게 카푸어의 길을 택했다면 단언컨대 지금의 나는 없었을 것이다. 나는 낡은 차를 타며 절약한 돈으로 투자를 했고, 특히 무언가를 배우거나 내 지식을 쌓는데에 많은 투자를 했다. 10년 된 중고 K3는 내게 '진짜 부'를 쌓기 위해 '가짜 부'를 포기할 줄 아는 지혜를 길러주었고, 돈은 감가가 되는 곳에 투자하는 것이 아닌, 쌓이고 나를 성장시켜주는 곳에 투자해야 한다는 것을 알려주었다.

반대로 주변에 자동차에 빠져 돈 새는 구멍을 스스로 만든 사람들도 굉장히 많이 봤다. 군인시절 월급은 200만 원 내외인데 준대형 세단을 뽑아 월급의 대부분을 차량 및 관리비에 쓰는 부하도 봤고, 1년에 자동차를 두 세번씩 바꾸는 선배도 보았다. 그들은 수입 대비 과도한 차량을 유지하느라 허덕이면서 정작 자신에 대한 투자는 전혀 하지 않았다. 그들은 자동차가 곧 자신의 사회적 계급장이라 믿었나보다.

사실, 자동차는 사는 순간부터 가치가 하락하는 소모품의 결정체다. 차량을 단 하루만 몰아도 그날 이후 그 차량은 중고차다. 뿐만 아니라 유지비도 상당하다. 각종 세금, 보험료, 기름값 또는 충전 비용, 정비 비용, 그리고 소모품 교체 비용까지 포함하면 누적 금액이 상상을 초월한다. 특히나 아직 자산이 많지 않은 사람들은 노동 시간을 바쳐, 차를 유지하는데에 쓰는 것이다.

여성들이라고 다르지 않다. 글로벌 투자은행 모건스탠리Morgan Stanley의 한 조사 결과에 따르면, 1인당 명품 소비액 세계 1위는 한국인이라고 한다. 특히 여성들의 명품 가방 사랑은 우리나라가 단연 압도적이다. 결혼식장 또는 어떤 자리에 가려면 샤넬, 루이비통 등 명품 가방 하나쯤은 당연히 매고 가야한다는 게 기본값으로 박혀있다. 그러다보니 카드값을 메우기 위해 몇달 치 월급을 그대로 쏟아붓고, 정작 현실은 끼니를 초라하게 때우는 여성들도 심심치 않게 볼 수 있다.

물론 좋은 차를 몰거나 명품가방을 매는 것 자체가 문제가 아니다. 성과를 달성한 자신에 대한 보상일 수도 있고, 의미있는 날에 대한 기념일 수도 있기 때문이다. 문제는 아직 명품을 살 시기, 여력이 안되는 상태에서 무리하게 사치를 부려 더욱 가난의 늪으로 빠져든다는 것이다. 명품 시계, 가방은 가지고 있지만 정작 현실은 공과금에 벌벌 떨고 있으니 말이다. 능력이 되지 않는 환경에서 명품을 구매한다는 건, 사치를 넘어 나를 평생 가난하게 묶어놓는 족쇄와 같다.

명품에 자아를 의탁하지 말고,
스스로가 명품이 되어라.

스스로 노력해서 부를 일구었거나 혹은 그 과정에서 혼신의 힘을 쏟고 있는 사람들은 브랜드가 아닌 자신의 아우라로 존재감을 증명한다. 만 원짜리 티셔츠 한 장을 입어도 귀티가 나고,

눈빛에서는 생기가 돌며, 태도나 말투에서 여유가 묻어난다. 스스로가 명품인 사람들은 행동에 대한 자신감, 독서로 다져진 지적 깊이, 그리고 타인의 시선으로부터 완전히 자유로워진 단단한 자존감을 가지고 있다.

지금까지 우리가 겉치레에 쏟아부은 돈은 사실 '남들의 부러움을 사기 위해 지불한 돈'이었다. 껍데기를 버리고 알맹이를 채워라. 당신 자체가 명품이 되는 순간, 당신은 더 이상 물건의 가격으로 평가받지 않는 유일무이한 존재가 될 것이다. 약속하라. 겉치레에 시간과 비용을 낭비하지 않겠다고. 명품 소비는 부를 충분히 이룬 뒤 고민해봐도 늦지 않다.

# 5

## 내가 가는 곳이
## 곧 길이다

어떻게 사는 게 정답일까? 이 질문은 누구나 한 번쯤은 고민해본 질문이다. 남들처럼 안정적인 직장을 택하는 게 맞을까, 아니면 불확실하더라도 내가 원하는 길을 가는 게 맞을까. 세상은 늘 '정답지'를 들고 있는 것처럼 말하지만, 정작 펼쳐보면 그 안에는 아무것도 적혀 있지 않다.

철학자 니체는 말했다.

"당신에게 당신의 길이 있고, 나에겐 나의 길이 있다.
올바른 길, 정확한 길, 유일한 길이라는 것은 존재하지 않는다."

우리는 모두 다른 환경에서 자라고 다른 가치관을 배우며, 다른 두려움과 욕망을 안고 살아간다. 그런데 어떻게 모두에게 동일한 정답이 존재할 수 있겠는가. 결국 가장 가까운 정답은 단 하나다. 내 가슴이 뛰는 일, 진짜 하고 싶은 일을 찾아 선택하는 것이다.

나는 31살에 8년간 몸담았던 직업군인의 길을 내려놓기로 했다. 누군가에게는 안정의 상징이었고, 누군가에게는 부러움의 대상이었던 자리였다. 매달 들어오는 월급, 일정한 업무루틴, 노후가 보장된 연금까지. 그 틀 안에 머무르면 적어도 '망할 일'은 없어 보였다. 하지만 가슴이 뛰지 않았다.

전역을 결심하고 주변에 알렸을 때, 거의 모든 사람이 나를 말렸다. "30대에는 신입사원으로 들어가기도 어려워.", "그렇다고 네가 특별한 경력이 있는 것도 아니잖아.", "지금 코로나 시기라 취업도 힘든데 그냥 군생활 계속하는 게 낫지 않아?", "너무 늦은 거 아니야?" 그리고 하나같이 덧붙였다. "안정적으로 사는 게 낫지 않겠냐."

가장 친했던 대학교 동기이자 마침 복무하던 부대 근처에 살았던 친구 용락이도 걱정스러운 표정으로 말했다. "SNS 크리에이터? 너 그런 거 안 해봤잖아. 생각보다 어려울 것 같은데…"

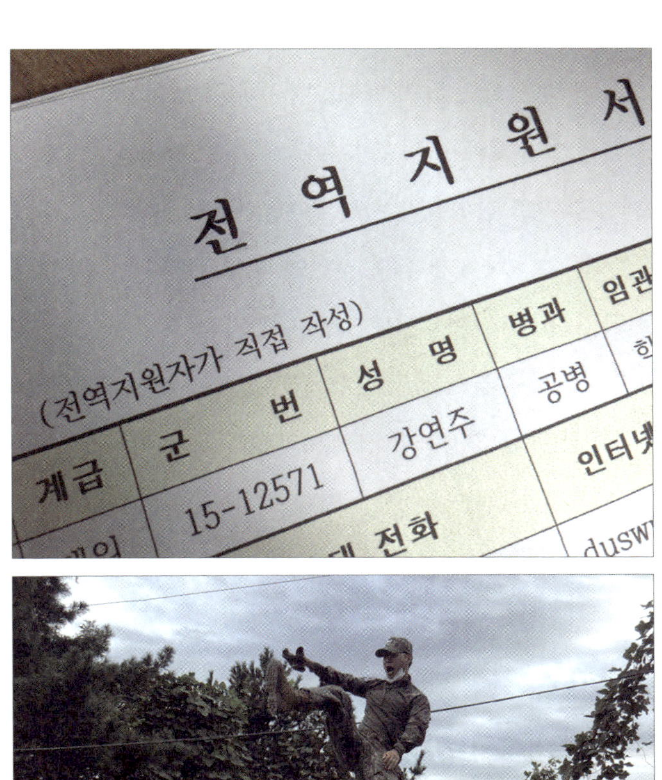

그들의 말은 틀린 말이 아니었다. 오히려 현실적이고 합리적인 조언이었다. 그래서 더 흔들렸다. 혹시 내가 무모한 건 아닐까, 괜한 객기로 인생을 망치는 건 아닐까, 밤마다 스스로에게 질문했다. 그때 나에게 힘이 되었던 비유가 있다. 바로 어부와 게 이야기다. 어부들이 게를 양동이에 가득 담아두어도, 게가 도망갈까 봐 뚜껑을 덮지 않는다고 한다. 왜냐하면 게가 스스로 빠져나오지 못해서가 아니라 한 마리가 위로 올라가면 다른 게들이 그 다리를 붙잡아 다시 끌어내리기 때문이다.

그 이야기를 읽는 순간 이상하게도 내 상황이 겹쳐 보였다. 나는 양동이 밖으로 나가려는 게였고, 주변의 걱정과 만류는 나를 끌어내리는 집게 같았다. 하지만 곰곰이 생각해보니, 그 게들이 악의로 끌어내리는 건 아니었다. 그들도 그 안이 세상의 전부라고 믿고 있었을 뿐이다. 밖에 무엇이 있는지 알지 못하기 때문에, 익숙한 공간이 안전하다고 믿는 것이다. 내 주변 사람들도 마찬가지였다. 나를 미워해서가 아니라, 경험해보지 않았기에 걱정이 앞섰던 것이다.

결정적인 질문은 이것이었다. "나는 정말 무엇을 하며 살고 싶은가?" 아무리 생각해도 더 이상 직업군인이라는 일은 가슴을 뛰게 하지 않았다. 잘할 수는 있었지만 평생 하고 싶지는 않았다. 반면, 글을 쓰고 책을 읽고 사람들에게 영감을 주는 콘텐츠를 만드는 일은 생각만 해도 설렜다. 불확실했지만, 살아 있다는 느낌이 들었다.

남들이 만들어둔 길을 따라가는 삶은 비교적 편하다. 이미 닦여 있고, 안내판도 있고, 선배들의 사례도 있다. 하지만 그 길이 내 길이 아닐 때, 그 편안함은 서서히 무기력이 된다. 나는 결국 선택했다. 모두의 만류에도 불구하고 내 선택을 믿기로 했다. **"길이라서 가는 것이 아니고 내가 가는 곳이 곧 길이다."라는 말이 있다. 나는 이 말을 스스로에게 전하며 한 발을 내디뎠다.**

결과는 어땠는가. 내 선택이 맞았다. 경제적으로 한 단계 점프한 것은 물론, 이전보다 훨씬 많은 수입을 만들 수 있게 되었고, 무엇보다 내 힘으로 벌어들인 돈이라는 자부심이 생겼다. 하지만 더 큰 변화는 따로 있었다. 매일 아침 설레는 마음으로 눈을 뜨게 되었다는 것이다. 오늘은 어떤 글을 쓸까, 어떤 콘텐츠를 만들까, 어떤 사람을 만나게 될까 기대하게 되었다.

행복은 거창한 게 아니었다. 내가 선택한 하루를 사는 것,
바로 그것이었다.

얼마 전, 친구 용락이네 부부와 식사를 하던 자리에서 용락이가 말했다. "사실 예전에 네가 전역한다고 했을 때 진짜 걱정됐었어. 그런데 이렇게 잘 사는 모습 보니까 너무 보기 좋다."

그 말을 듣고 웃으며 고개를 끄덕였다. 그때 깨달았다. 사람들이 나를 말렸던 건 나를 끌어내리기 위해서가 아니라 다치지 않기를 바랐기 때문이었다는 것을. 그래서 나는 한 가지 원칙을 세웠다. 경험해보지 않은 사람의 조언은 절반만 받자. 그들의 마음은 감사히 받고, 그들의 조언에는 흔들리지 말자는 것이다. 인생은 결국 내가 책임져야 할 영역이기 때문이다.

이를 가장 극적으로 보여준 사례 중 하나가 바로 APR의 창업자 김병훈 대표다. 그는 2014년 회사를 설립했고, 2023년 기업가치 1조 원을 돌파하며 유니콘 기업 반열에 올랐다. 이후 코스피 상장과 함께 뷰티 업계 시가총액 1위에 오르는 성과를 만들어냈다.

그 역시 수없이 "불가능하다", "안 된다"는 말을 들었다고 한다. 이처럼 새로운 시도, 새로운 방식은 언제나 반대에 부딪힌다. 하지만 그는 직원들에게 이렇게 말했다고 한다. "다른 사람들이 못하는 일을 우리는 해낼 수 있어야 한다. 모든 경우의 수를 따져보고, 어떻게 해서든 방법을 찾자." 그가 강조한 성공의 본질은 단순했다. 어떤 상황 속에서도 원하는 결과를 만들어내겠다는 태도. **세상은 당신이 꿈을 꾸면 비웃을 것이다. 당신이 결단하면 말릴 것이다. 당신이 몰입하면 시험할 것이다. 그러나 당신이 증명하면 인정할 것이고, 당신이 정상에 서면 우러러볼 것이다.**

길은 처음부터 존재하지 않는다. 누군가 먼저 걸어간 자리가 길이 된다. 그러니 남이 만든 길을 찾으려 애쓰지 말자. 길이라서 가는 것이 아니라, 내가 가는 곳이 곧 길이라는 확신을 가져라.

**6**

# 현실적이라는
# 말의 함정

잘 살고 싶은 사람이 힘들어하는 이유는 바로 '간극' 때문이다. 꿈은 큰데 현실이 따라오지 않을 때. 머릿속에는 분명 선명한 그림이 있는데, 거울 속 나는 그대로일 때. 그 간극에서 오는 괴리가, 우리를 가장 힘들게 만든다. 노력은 하는 것 같은데 속도는 더디고, 이상은 높은데 성과는 낮을 때 사람은 가장 흔들린다. 이 간극을 해결하는 방법은 굉장히 단순하다.

첫 번째 방법은 꿈을 낮추는 것이다. 가장 빠른 방법이다. 꿈을 낮추는 순간 간극은 즉시 줄어든다. "지금이면 충분해", "여기로도 만족해", "굳이 더 힘들 필요 있나"라는 마음을 가지면 더 이상 괴리는 느껴지지 않는다. 많은 이들이 말하는 '현실적인 선택'이다. 상처받지 않고 비교하지 않고 스스로를 방어하는 방법이다.

두 번째 방법은 현실을 끌어올리는 것이다. 부단한 노력으로 나의 가치를 높이고 나를 둘러싼 환경을 바꾸고 지금의 나를 미래의 나에 맞게 재구성하는 것이다. 시간은 더 걸리고 고통도 따른다. 하지만 결국 꿈과 현실의 간극은 줄어든다. **이때 느껴지는 감정은 체념이 아니라 성장이다.**

결국, 둘 중 하나를 선택하면 된다. 하지만 이 책을 읽는 독자만큼은 후자를 선택했으면 한다. 꿈을 낮추거나 타협하는 대신, 현실을 꿈에 맞게 끌어올렸으면 좋겠다. 꿈을 낮추면 당장은 편해지지만, 그 편안함은 오래가지 않는다. 심리학에서 말하는 '목표설정이론'에 따르면, 사람은 도전적인 목표를 가질 때 더 높은 몰입과 성과를 낸다. 반대로 낮은 목표를 설정하면, 긴장은 줄어들지만 동기 역시 함께 줄어든다. 잠시 마음은 편해질지 몰라도, 장기적으로는 성취감이 낮아지고 스스로에 대한 기대도 작아진다.

또한 우리는 스스로를 완전히 속일 수 없다. 심리학자들은 이를 '인지부조화'라고 설명한다. 내가 더 큰 사람이 되고 싶다고 믿으면서, "이 정도면 됐다"고 스스로 타협하면 마음 한 편에 설명하기 어려운 불편함이 남는다. 현실에 타협한다고 한들 우리의 마음은, 한때 내가 더 큰 꿈을 꾸었다는 사실을 기억한다. 그리고 언젠가는 반드시 그 꿈을 떠올릴 것이다. '내가 그때 스스로 접었다'는 기억도 함께 말이다.

우리가 꿈을 상향하고 도전해야 하는 또 하나의 이유가 있다. 역설적이지만, 비현실적인 일이 오히려 현실적인 일보다 더 쉽기 때문이다. 안정적으로 보이고, 현실적으로 보이는 길은 사실 이미 과열되어 있다. 가장 안정적인 직업이라 불리는 공무원은 늘 경쟁률이 높다. 7급 일반행정직은 50:1에 육박하기도 한다. 사람들이 '현실적'이라고 말하는 길에는 이미 수많은 사람이 몰려 있다. 아무리 넓은 도로라도 차가 몰리면 교통체증이 심해진다.

경영학에서도 비슷한 이야기를 한다. 경쟁이 치열한 시장에서 싸우는 대신 경쟁이 거의 없는 시장을 창출하는 전략을 블루오션 전략이라 부른다. 더 나아가 실리콘밸리 투자자이자 팰런티어 테크놀로지 회장인 피터 틸Peter Thiel은 본인의 저서《Zero to One》에서 이렇게 말한다. "경쟁은 패자들의 게임이다." 이 말은 진짜 큰 성과는 경쟁하는 곳이 아니라 독점하는 곳에서 나온다는 것이다. 모두가 가는 길에서 조금 더 잘하는 것이 아니라, 아예 다른 길을 선택해 나만의 영역을 만드는 것. 그것이 '제로에서 원을 만드는' 사고다.

이건 비단 기업 이야기만이 아니라 우리의 인생에도 그대로 적용된다. 모두가 준비하는 시험, 모두가 노리는 자리, 모두가 안전하다고 말하는 길은 이미 레드오션이다. 반대로 남들이 두려워서 가지 않는 길은 고요하다. 그 고요함 속에서는 비교도 적고 방해도 적기에 오롯이 내 속도로 성장할 수 있다.

나 역시 그 갈림길에 서 있었던 적이 있다. 전역을 준비하던 무렵이었다. 전역 후 안정적인 군무원을 할 것인가, 아니면 아무 기반 없이 나만의 일을 할 것인가. 당시 읽고 있던 팀 페리스의 《나는 4시간만 일한다》에서도, 현실적인 일보다 비현실적인 일이 더 쉽다는 내용이 나왔다. 나는 바로 펜을 들어 책의 빈 공간에 이렇게 적었다. "비현실적인 일이 현실적인 일보다 훨씬 쉽다. 군무원, 공무원보다 월 수천만 원을 버는 사업가가 훨씬 더 쉽다."

**"월 수천만 원 사업가가 공무원/취직보다 쉽다."**

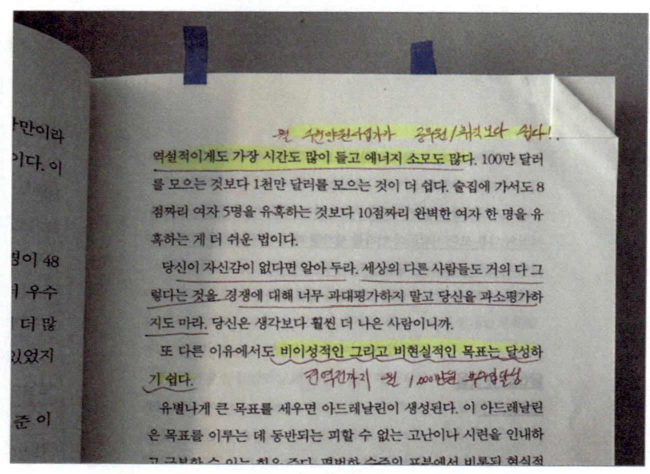



지금 보면 다소 과감해 보일 수 있다. 그러나 그 문장이 내 사고방식을 바꾸었다. 나는 사람들이 어렵다고 말하는 길을 선택했다. 그리고 놀랍게도 그 길은 생각보다 고요했다. 누가 뒤에서 떠밀지도 않았고, 옆에서 밀치지도 않았다. 비교할 대상도 적었고, 경쟁자도 많지 않았다.

그 고요함 속에서 나는 내 기준을 세울 수 있었다. 내 마음의 소리를 반영한 목표가 또렷해졌고 나만의 루틴이 만들어졌으며 실력이 쌓이기 시작했다. 안정 속에서 정체되는 대신 불확실함 속에서 성장하는 쪽을 택한 것이다.

사람들은 종종 '쉬운 길'을 찾는다. 그러나 진짜 쉬운 길은

'편한 길'이 아니다. 진짜 쉬운 길은 경쟁이 적은 길이다. 경쟁이 적다는 것은, 그만큼 사람들이 꺼리는 요소가 있다는 뜻이다. 불확실함, 책임, 시선, 실패 가능성. 대부분은 그것을 감당하기 싫어, "현실적으로"라는 단어 뒤로 숨는다. 하지만 그 단어는 안전벨트가 아니다. 그 단어는 어떤 순간에는 꿈을 옭아매는 굴레가 된다.

나는 안정이라는 단어가 주는 달콤함을 잘 안다. 직업군인의 삶을 살아봤기 때문이다. 안정은 분명 매력적이다. 그러나 안정감이 클수록 '나'라는 사람의 비중은 그 안에서 작아질 수 있다. 체계가 대신 결정해주고, 구조가 대신 책임져주기 때문이다. 결국, 그 안에서 나는 도전을 멈추게 된다.

반대로 스스로 길을 정하고 책임지는 삶은 두렵지만 선명하다. 내 마음의 소리를 듣고 선택한 길이라면, 두려움은 충분히 감수할 가치가 있다. 그러니 현실적이라는 말에 나를 가두지 말자. 내가 책임질 수 있는 선택, 그것이 곧 나의 진짜 현실이다.

**7**

# 가장 큰 리스크는
# 리스크를 지지 않는 것

전역한 지 1년이 갓 지났을 무렵, 나는 강남 도곡동에 사무실을 얻었다. 그날 계약서에 도장을 찍던 순간을 아직도 생생하게 기억한다. 서울 강남. 그중에서도 부자들이 모여 산다는 도곡동. 월세만 1년에 3천만 원이 나가는 공간이었다.

당시 나는 1인 크리에이터였다. 직원도 없었고, 수입도 완전히 안정적이지 않았다. 사무실을 얻는다는 건 단순히 월세만 감당하는 문제가 아니었다. 보증금, 인테리어, 집기 비용, 관리비, 각종 운영비까지 합치면 결코 가벼운 선택이 아니었다.

솔직히 말하면 무서웠다. 계약을 마치고 며칠 뒤 통장을 들

여다보며 '괜히 무리했나?'라는 생각이 들기도 했다. 그럼에도 나는, 시간을 되돌려도 같은 선택을 할 것이다. 왜냐하면 그 선택은 단순히 돈을 쓰는 행위가 아니라 '시간'과 '성장 속도'를 사는 선택이었기 때문이다.

사무실을 얻은 뒤 이전에는 상상도 못했던 일들이 자연스럽게 생겨났다. 2~30명이 들어올 수 있는 홀이 있었기에 내 이름을 걸고 자체 행사를 할 수 있었고, 커뮤니티 모임을 수월하게 진행할 수 있었다. 작가와 사업가를 인터뷰할 때도 "저희 사무실로 오세요"라고 당당히 말할 수 있었다. 회사들과의 미팅 역시 달라졌다. 근처 카페에서 만나는 사람과, 강남 사무실에서 미팅을 주관하는 사람은 분명히 다르게 인식된다. 신뢰는, 눈에는 보이지 않지만 결국, 눈에 보이는 공간으로 인해 형성되었다.

그리고 내가 가장 크게 얻은 것은 '환경이 주는 힘'이었다. 강남의 빌딩숲을 지나 출퇴근하며 나는 매일 자극을 받았다. 고급 아파트와 번듯한 건물들을 볼 때마다 마음속에서 뜨거운 다짐이 올라왔다.

"나도 반드시 저 자리에 서겠다."

내가 보고 듣고 경험하는 환경은 나를 끌어올리는 것이다. 리스크를 지는 사람은 비용을 내고 경험과 시간을 산다. 반대로 리스크를 지지 않는 사람은 비용을 아끼지만 성장의 속도를 내기가 어렵다.

행동경제학에는 '전망이론Prospect Theory'이라는 개념이 있다. 이 이론은, **불확실한 상황에서 사람들이 손실에 더 민감하고, 이득·손실 구간에서 비합리적 선택을 한다는 이론이다.** 실제로 사람은 기쁨보다, 잃는 고통을 두 배 이상 크게 느낀다고 한다. 아마 과거의 나에게도 연간 내는 3천만 원은 거대하게 보이고, 그로 인해 열릴 기회는 작게 보였을 것이다.

국민 MC 유재석은 과거의 TV 프로그램 무한도전에서 이런 말을 했다. "진짜 위기는 뭔지 아십니까? 위기인데도 불구하고, 위기인 것을 모르는 것이 진짜 위기입니다. 그보다 더 큰 위기는 뭔지 아십니까? 위기인 걸 알면서도, 아무것도 하지 않는 것이 더 큰 위기입니다."

이 말은 리스크를 지지 않는 것이, 가장 큰 리스크라는 '리스크 역설'의 본질을 건드리는 문장이다. 많은 사람이 제자리에서 멈춰 있으면서도, 그 사실을 위기라고 받아들이지 않는다. 그리고 더 많은 사람이 위기라는 걸 알면서도 행동하지 않는다. **안정 속에 있는 것처럼 보이지만, 사실은 정체되어 있는 상태. 그것이야말로 가장 큰 리스크다.**

리스크를 지기 전에는 오직 리스크만 보인다. 리스크 뒤에

숨겨진 확장, 네트워크, 신뢰, 기준 상승, 속도는 보이지 않는다. 그래서 우리는 머뭇거린다. 그렇기에 우리는 질문을 바꿔야 한다. "이 선택으로 내가 잃을 것은 무엇인가?"가 아니라 "이 선택을 하지 않으면 내가 잃을 것은 무엇인가?"로 말이다.

**지금 아무것도 하지 않는다면, 1년 뒤에도 나는 같은 자리에 서 있을 것이다. 그것이야말로 진짜 위기다.** 리스크를 지는 것은 무모함이 아니다. 계산된 전진이자 미래의 나를 위한 투자다. 즉, 리스크를 지는 것은 인생을 전진시키는 기술이다.

# 8

# 미래의
# 나 그려 보기

10년 뒤의 나는 오늘의 내가 쌓여서 만들어진 결과물이다. 미래를 바꾸고 싶다면? 답은 간단하다. 오늘을 바꾸면 된다. 나는 가끔 이런 상상을 한다. "10년 뒤의 내가 지금으로 돌아온다면, 내게 뭐라고 말할까? 미래의 내 모습을 위해 이렇게 하면 더 잘되겠다는 조언을 해주겠지? 그렇다면 그 조언은 뭘까?" 이에 대한 답을 생각하며 내가 종이에 끄적였던 글은 이렇다.

"고생이 많아! 아주 열심히 잘 살고 있구나, 지금 너의 노력 덕에 나는 부, 건강, 행복, 가족 모든 면에서 최고의 삶을 살고 있어. 사업도 승승장구하며 천문학적인 돈을 벌고 있지. 꾸준함을 잊지 말고 지금처럼 많은 독서와 실행을 하길 바랄게. 그리고 실패를 두려워하지 말고 많이 부딪혀보길 바라.”

미래의 나를 상상하여 지금의 나에게 조언을 한다고 가정할 때, 내가 강조한 건 ‘독서’, ‘실행’, ‘실패를 두려워하지 않는 행동’이다. 이런 식으로 미래의 나 입장에서 지금의 나에게 편지를 쓴다면 우리가 지금 어떻게 살아가야 할지, 무엇을 해야하며 어떤 것에 더욱 집중해야 할지가 명확해진다.

그리고 나는 종종 미래의 나를 그려 보기도 한다. 이때에는 세 가지 가정으로 미래를 그려본다.

- 첫 번째 최악의 가정, 지금보다 더 나태하게 산다면.
- 두 번째 중립의 가정, 지금 정도로 산다면.
- 세 번째 최상의 가정, 압도적인 실행과 노력으로 산다면.

내가 상상한 첫 번째 가정의 미래 모습이다. 어젯밤, 과음과 늦은 취침으로 인해 일어나기가 힘들다. 하던 사업은 망했고 직장에서도 잘려 갈 곳이 없다. 앞이 깜깜하다. 한숨 더 자려하는데 옆에는 어제 내려다가 못 낸 공과금과 관리비가 보인다. 이체를 하려는 찰나 잔액이 부족하다는 것을 깨닫는다. 아이들은 학교에서 다음달에 현장체험학습을 간다는데 그 비용은 어떻게 마련해야 할지 막막하다. 아내 얼굴을 보기가 두렵다. 이불을 다시 푹 뒤집어쓰고 현실을 외면해본다.

두 번째 가정의 미래 모습이다. 오늘도 일터로 나간다. 제법 괜찮은 삶이다. 멀끔한 옷을 입고 준대형 세단이라 불리는 그랜저에 몸을 싣는다. 아파트 경비원 선생님과 인사를 나누며 출근한다. 운전하는 길, 매번 반복되는 일상에 무료함을 느낀다. 한편으로는 집 대출 이자에 대한 부담이 느껴진다. 이것 때문에 아내와 종종 다투기도 한다. 아이들은 제법 잘 크고 있지만 대학을 어떻게 보낼지 걱정이다. 첫째는 유학을 가고 싶어하는데 지금 사정상 그 정도는 무리다. 부모님 노후준비가 안되어 도와드릴 생각까지 하니 갑자기 머리가 지끈지끈하다. 제법 잘 살고는 있지만 모든 것을 챙기기에는 역부족이다. 한숨을 푹 쉬며 운전을 계속 한다.

세 번째 가정의 미래 모습이다. 오늘 새벽도 활기차게 시작한다. 아파트 단지 내 헬스장에 다녀온 뒤 간단하게 아침식사를 한다. 주 2회 집안일을 도와주시는 분이 계셔 집안은 말끔하다. 창밖에 보이는 시티뷰는 볼 때마다 아름답다. 아직 아내와 아이들은 잠에서 깨지 않았다. 예술쪽을 선택해서 열심히 실력을 연마하고 있는 첫째와 공부를 곧잘하는 둘째를 생각하면 기특하다. 본인의 일뿐만 아니라 가정까지 잘 챙겨주는 아내에게도 고맙다. 일을 나간다. 사업체의 자리가 제법 잡혀 나는 결정 위주의 업무를 한다. 사업 확장에 관한 고민, 외부 미팅을 위해 일부러 업무는 빡빡하게 잡지 않는다. 다음주 가족 여행이 잡혀있어 설렌다. 작년에 다녀왔던 유럽여행이 너무 만족스러워 한번 더 다녀올 예정이다.

어떠한가. 극명히 갈리는 미래의 나 세 명을 만났다. 이런 나를 상상할 때면 찬물을 끼얹은 듯 정신이 번쩍 든다. 나뿐만 아니라 사랑하는 아내, 아이들, 가족들을 위해 더 이상 미룰 수가 없다. 미래의 나는 '나 혼자'의 문제가 아니다. 내가 오늘 어떤 선택을 하느냐에 따라 나뿐만 아니라 내가 사랑하는 사람들의 표정이 달라진다. 내 아이들의 자존감이 달라지고, 배우자의 눈빛이 달라지고, 부모님의 노후가 달라진다. 미래를 상상하는 목적은 겁주기 위해서가 아니다. 나를 흔들어 깨우기 위해서다.

사람들은 종종 이렇게 말한다. "그런 상상을 한다고 뭐가 달라져?" 나는 명확히 말할 수 있다. 달라진다. 아니, 아주 크게 달라진다. **왜냐하면 사람은 결국 '자기 자신이 믿는 방향'으로 움직이기 때문이다. 미래를 선명하게 그리면, 오늘이 흐릿해질 수가 없다.** 나아갈 방향이 보이고 내 안에서 우선순위가 정리되며 해야 할 일과 하지 않아야 할 일이 명확히 구분된다.

그렇다면 미래에 더 잘 살기 위해 지금의 내가 줄 수 있는 최고의 선물은 무엇일까? 먼저 미래의 나에게 '빚'을 남기지 않는 것이다. 빚은 돈으로만 생기지 않는다. 생활습관으로 생기고, 생각으로 생기고, 인간관계로 생긴다. 오늘 미룬 운동이 내일의 건강 빚이 되고, 오늘의 게으름이 3년 뒤의 후회가 된다.

반대로 생각해보자. 오늘 만든 루틴 하나, 오늘 읽은 책 한 권, 오늘 거절한 유혹 하나, 오늘 실행한 사소한 도전 하나가, 10년 뒤의 나에게 '이자가 두둑히 붙은 자산'이라는 선물로 온다. 결국 10년 뒤의 나를 만드는 것은 세상도 아니고 환경도 아니고 운도 아니다. 지금의 '나'다.

다시 한번 말하지만, 미래를 그리는 행위는 허황된 상상이 아니라, 방향을 명확히 정하는 행위다. 방향이 정해지면 속도가 붙고, 속도가 붙으면 인생은 전혀 다른 궤도로 들어선다.

그러니 이번 장을 넘기기 전에 옆 페이지의 빈 칸에 10년 뒤의 나를 세 가지 가정으로 그려보자. 최악의 나, 평범한 나, 그리고 압도적으로 성장한 나. 아마 정신이 번쩍 들 것이다. 그 마음을 가지고 미래의 나를 만날 준비를 하면 된다. 10년 뒤의 내가 지금의 나에게 이렇게 말하도록 만들자. "멈추지 않아줘서, 뜨겁게 살아줘서 고마워." 오늘의 선택이 10년 뒤의 인생을 바꾼다.

# 10년 뒤의 나는 어떤 모습일까?

최악의 내 모습 :

평범한 내 모습 :

압도적으로 성장한 내 모습 :

# 9

# 결단의 과정에서
# 반드시 마주하는 것들

TV 속 드라마나 영화의 주인공은 늘 역경을 만난다. 원하는 것을 얻으러 가는 길에 반드시 '악당'이 등장하고, 심지어 그 악당과의 만남은 한 번으로 끝나지 않는다. 그들은 수 차례 주인공을 붙잡고 넘어뜨리고, 되돌려 세우려 한다. "넌 여기까지가 한계야."라며 앞을 막아선다.

현실도 이와 같다. 결단을 한 순간부터 우리 앞에도 악당이 나타난다. 그 악당은 다음 세 가지 유형으로 찾아온다.

첫 번째로 만나는 것은 두려움이다.

결단을 하면 시원할 것 같지만 사실 결단은 '시작 버튼'이 아니라 '불안 버튼'에 가깝다. **왜냐하면 결단은 내 삶을 내가 책임지겠다는 선언이기 때문이다.** 두려움이란, 내가 감당해야 할 것이 늘어났다는 신호다. 다이어트를 하겠다고 하면 앞으로 해야 할 운동과 식단조절로 인해 두렵고, 공부를 하려고 하면 다른 것들을 잠시 차단해야 하기에 두렵고, 새로운 길로 가겠다고 하면 주변의 시선과 실패가 두렵다.

하지만 두려움은 '실체'가 없다. 대체로 눈앞에 마주한 적이 아니라, 머릿속에서 자라는 적이다. 그렇기에 두려움이라는 것은 시간을 먹을수록 커진다. 오늘 마주한 두려움을 내일까지 데려가게 되면 더 커지고, 일주일, 한 달을 데려가면 나중에는 이 두려움이 '확신'처럼 느껴진다.

나도 두려움을 느낀 적이 있다. 전역 후 나만의 일에 도전할 때였다. 분명 앞으로 나아가고는 있는데 이상하게 마음이 계속 흔들릴 때가 있었다. 그때 나는 외식업 사업을 하며 많은 직원들과 함께 하고 있는 친구 준영이에게 전화를 했다. "준영아, 분명 나아가고는 있는데 왜 이렇게 불안한 걸까?" 그때 준영이가 이렇게 말했다. "너보다 훨씬 앞서가는 사람들은 덜할 것 같지? 아니야. 오히려 더 불안해. 그게 책임감이라는 거야. 그런데 그 책임감과 불안감이 있어야 성장을 맛볼 수 있고, 올라설 수 있어. 지금 느껴지는 불안은 어찌보면 당연한 거야.”

그 말을 듣는 순간, 두려움의 정체가 보였다. 두려움은 ‘내가 틀렸다’는 증거가 아니다. **내가 진짜로 커지고 있다는 증거이자, 책임감을 가지고 성장하고 있다는 반증이었다.**

두 번째로 만나는 것은 외로움이다.

결단은 속도를 바꾸는 일이다. 사람은, 비슷한 속도로 걷는 사람들과 빨리 친해진다. 편하기 때문이다. 그런데 어느 날 내가 속도를 올리면 관계의 간격이 벌어진다. 예전에는 아무렇지 않게 웃고 떠들던 대화가 어색해지고 내가 말하는 목표와 루틴이 그들에게는 부담스럽게 들리기도 한다.

구독자가 200만 명이 넘는 유튜브 채널 너덜트에서는 이러한 모습을 담은 영상을 만들기도 했다. 썸네일 텍스트는 ‘친구의 성공’, 제목은 ‘벌써 집을 샀다고?’라는 콘텐츠이다. 대표로서 크게 성공한 사업가 친구가 자리에 오자 기존에 있던 친구 셋은 비꼬며 그를 맞이 한다. “우리가 겸상이나 해도 되나 모르겠네 이거”라며 말이다. 동시에 “그래서 얼마 버는데?”, “아니, 뭐 말해주기가 불편한가?”라며 무례한 질문들을 던진다. 사업가 친구는 연이어 겸손을 떨지만, 친구들은 “우리가 존댓말을 써야 하냐?”라며 연이어 사업가 친구를 불편하게 한다. 그렇게 불편한 자리는 계속된다. 사업가 친구가 자리에 없을 때, 친구들은 “변했다”, “이기적이다”, “성공하면 본성이 나온다는데 실망이다” 등의 말로 그를 시기 질투한다. 성공한 한 친구와, 그를 시기질투하는 친구들의 현실고증을 담은 영상이다.

사업가들을 만나거나 인터뷰를 하면서 실제로 예전 친구들과 자연스레 멀어지게 되었다는 이야기를 종종 들었었다. 누군가의 잘못이라기보다는 바라보는 지향점, 평소에 하는 생각, 흥미로워하는 대화주제가 달라지다 보니 자연스레 그렇게 된 것이 아닐까 싶다.

### 세 번째로 마주하는 것은 성장통이다.

결단 이후 가장 헷갈리는 구간이 바로 이 부분이다. 몸이 피곤하고, 머리가 복잡하고, 감정 기복이 커진다. 해야 할 일이 많아지고, 책임이 늘어난다. “이 길이 나랑 안 맞는 건가?”라는 생각이 들기도 한다. 운동을 처음 시작할 때에도 근육통이 온다.

알이 배긴다고 표현하는 근육통 말이다. 그 통증을 이유로 멈추면, 몸은 변하지 않는다. 하지만 조금만 지나면 통증은 줄어들고, 체력도, 근력도 올라간다. 결단 이후의 삶도 비슷하다. 새로운 환경, 새로운 역할, 새로운 목표를 감당하려면 에너지가 더 필요하고 당연히 피로가 쌓인다. 하지만 그 시기를 넘어가면 전혀 다른 세상이 나를 찾아온다.

구체적인 성장통은 배움과 공부 등 노력으로 인한 피로, 조직의 운영이나 사람과의 관계, 수입이 커지는 만큼 함께 늘어나는 지출에 대한 부담 등이 있다. 특히나 처음에는 더욱 고통스럽고, 마주하기가 어려울 수 있다. 하지만 운동도 하다보면 노하우가 생기고, 이전의 시행착오를 겪지 않아도 되듯 성장에서 마주하는 이벤트들도 그렇다. 결국 시간이 지나면, 언제 그랬냐는 듯 별것 아니게 된다.

두려움은 책임이 늘어났다는 신호일 수 있고, 외로움은 속도가 달라졌다는 신호일 수 있으며, 성장통은 내 그릇이 커지고 있다는 신호일 수 있다. 드라마나 영화에 나오는 뻔한 클리셰처럼 두려움, 외로움, 성장통은 우리의 결단 과정에서 반드시 나타난다. 드라마나 영화에서 악당이 없다면 주인공이 더 값진 결과를 얻지 못하고, 그 과정이 시시하듯, 결단의 과정에서 두려움과 외로움 그리고 성장통이 없다면 그 결과물은 그리 달콤하지 않을 것이며, 설령 결과물이 나왔다 하더라도 그걸 오래 유지하지도 못할 것이다. 그러니, 결단의 길에서 악당을 만나면 이렇게 생각하자. "아, 제대로 가고 있구나."라고 말이다. 두려움이 와도, 외로움이 와도, 통증이 와도 그건 나를 막으러 온 게 아니다. 나를 주인공으로 만들기 위해 온 것이다.

# 결단의 끝
# '선언'

나는 선언을 즐긴다. 이루고 싶은 것이 있으면 친구, 주변 사람들에게 반드시 이야기를 한다. 그들이 묻지 않아도 스스로 먼저 말을 한다. 약 8년 전, 새벽 기상을 시작할 때에도 그랬다. 친구들과 약속 자리에서 이렇게 말했다. "애들아. 나, 이제부터는 매일 새벽에 일어나서 공부하려고" 친구들은 반응이 없었다. 어쩌라고? 싶은 표정이었고, "안 물어봤어"라는 대답이 돌아왔다. 하지만 그럼에도 나는 이루고 싶은 것이 생길 때마다 주변에 말한다. 선언의 힘을 알기 때문이다.

주변에 선언을 한다는 것은, 단순히 말하는 것을 뜻하는 게 아니다. **선언은 내 안의 결심을 밖으로 꺼내는 행동이고, 그 순간부터 내 결심은 '생각'이 아니라 '정체성'이 된다.** 특히나 내 선언을 듣는 사람이 많으면 많을수록 더욱 그렇다. 선언을 하는 순간, 나는 더 이상 "할까, 말까 고민하는 사람"이 아니라 "이미 한다고 말한 사람"이 된다. 말이 내 등을 떠미는 게 아니라 말이 내 발목을 잡는다. 좋게 말해 책임감이고 솔직히 말하면 '도망갈 구멍이 줄어드는 것'이다.

선언이 강력한 이유는 심리학적으로도 설명이 된다. 미국 심리학자 레온 페스팅거Leon Festinger가 착안한 '인지 부조화 이론Cognitive Dissonance Theory'이 있다. 인지 부조화 이론이란, 사람이 자신의 생각·신념·태도와 행동이 서로 모순될 때, 그 불편함(심리적 긴장)을 줄이기 위해 스스로를 합리화하거나 태도를 바꾸려는 경향이 있다는 이론이다.

인지부조화로 생기는 불편함을 해소하는 방법은 크게 두 가지다. 첫 번째는 신념이나 생각 자체를 낮춰 나의 태도, 행동과 일치시키는 것이다. 〈여우와 포도〉라는 이솝 우화에서 이를 잘 설명한다. 여우는 포도를 먹고 싶지만 높은 곳에 달린 포도를 먹을 수 없다. 이때 여우는, "어차피 저 포도는 신 포도일 거야."라고 말하면서 스스로를 달랜다. 먹지 못하는 현실을 바꿀 수 없으니, 마음을 바꿔버리는 것이다. 그래서 이를 '신포도 심리'라고 부르기도 한다.

두 번째는 내 태도나 행동을 끌어올려 신념에 맞추는 것이다. 선언의 강점은 바로 여기에 있다. 선언은 "나는 이걸 하겠다"라는 말을 내뱉는 순간 내가 그 말을 지키지 못할 때의 불편함을 크게 만든다. 특히 누군가가 그 선언을 알고 있다면, 합리화하며 포기하는 게 더 어려워진다. 결국 사람은 **"그만둘 거면 말도 하지 말 걸"** 혹은 **"말했으니 해야지"** 이 둘 중 하나를 선택하게 된다. 그리고 성장하는 사람들은 대개 후자를 택한다. 이때 선언은, 나를 괴롭히는 부담이 아니라 나를 움직이게 하는 '건강한 압박'이 된다.

이처럼 선언하는 것은 별것 아닌 것 같지만 성장하는 데 도움이 되는 부담을 주기도 하고, 특히 외부에 알렸을 때는 되돌리기 어려운 상황이 되어, 나를 독려하는 방식으로 작용한다. 선언은 말 한마디로 끝나는 게 아니다. 선언은 '나를 앞으로 당기는 장치'다.

선언하기를 가장 잘 활용한 사람 중 하나는 전설적인 복서 무하마드 알리Muhammad Ali, Cassius Marcellus Clay다. 무하마드 알리는 미국의 전설적인 복서로, "나비처럼 날아서 벌처럼 쏜다."라는 말로도 유명하다. 그는 역사에 남을 전설적인 복서였을 뿐만 아니라, 인종차별 문제에 앞장서는 인물로도 기억된다.

알리는 경기력만 대단했던 사람이 아니다. 그는 공개석상에서 "I am the Greatest."라며 자신을 최고라고 반복적으로 선언했다. 이 선언은 허세가 아니라 전략이었다. 처음에 사람들은 그를 향해 "입만 산 선수"라고 비웃었지만 알리는 오히려 그 비웃음을 링 위로 끌고 올라갔다. 링 밖에서 스스로를 챔피언으로 규정했고 링 안에서는 그 규정을 증명하기 위해 몸을 갈아 넣었다. 자신이 정의하고 선언한 "The Greatest"에 맞도록 현실을 바꾼 것이다. 그리고, 실제로 그는 전설이 되었다.

선언을 하면 그 어떠한 때보다도 '해야 할 이유'와 '동기'가 생긴다. 그리고 이 동기는 행동을 낳고, 행동은 결과를 만든다. 선언의 힘을 누구보다 잘 알기에 나는 이 힘을 매월 사용하고 있다. 나는 매월 1일 블로그에 한 달 목표를 선언한다. 그 시작은 2022년 3월이었다. 당시에는 전역 발표가 난 직후였고, 전역을 명령받은 날까지 9개월이 남은 상황이었다. 전역 준비를 하는 9개월간 미친 듯이 살아보기로 했다. 그때 나는 블로그에 이렇게 적었다. "매일 새벽 4시 30분에 일어나, 읽고 또 읽을 것이고, 쓰고 또 쓸 것이다." 뿐만 아니라 이번 달에는 어떤 것을 이룰 것

인지, 무엇을 할 것인지를 계속 적어나갔다. 그리고 그 목표를
향해 한 달간 모든 것을 걸고, 다음 달 1일 또 다시 블로그에 글
을 쓴다. 이전 달에 선언한 목표를 얼마만큼 달성했는지, 그리고
또다시 이번 달에 이루고 싶은 목표를 선언한다. 책 집필 작업을
마무리하는 2026년 2월까지도 나는, 매월 빠뜨리지 않고 선언

을 한다.

선언을 하며 내가 그간 느낀 팁이자 독자들에게 전하고 싶은 말은 선언을 하되 목표를 너무 많이 세우지 말라는 것이다. 목표의 개수가 적어야 '집중'의 힘을 제대로 느낄 수 있다. 그래서 초보자의 경우 1~3가지만 정하는 것을 추천한다. 이때 목표는, 널리 알려진 SMART 기법에 맞게 세우면 더욱 좋다.

- **S**(Specific): 구체적으로. "운동할게요"가 아니라 "주 4회, 40분 걷기"와 같이 구체적으로

- **M**(Measurable): 측정 가능하게. "책 읽기"가 아니라 "이번 달 3권 완독"처럼 성과를 측정할 수 있게

- **A**(Achievable): 달성 가능한 수준으로. 특히 처음이라면 무리하지 않게

- **R**(Relevant): 내 목적과 관련이 있는. 남들을 따라하는 목표 말고, 내 목적과 일치된 목표

- **T**(Time-bound): 마감 기한이 있는. "언젠가"가 아니라 "이번 달 30일까지"로

SMART 목표기법과 함께 선언을 하면 계획을 세우거나 실

행을 하는 데 더욱 도움이 될 것이다. 선언은 도망갈 구멍을 막는 퇴로 차단이다. 사람은 원래 바쁘면 흔들리고, 피곤하면 미루고, 불안하면 합리화한다. 이럴 때 선언은 퇴로를 차단하기 위해, 문 바깥에 못을 박는 것과 같다.

간절히 이루고 싶고 제대로 결단하고 싶다면 선언하고 외쳐라. 그리고 선언을 목표로 끝내지 말고, 실행의도로 바꿔라. "언젠가"가 아니라 "언제"로. "열심히"가 아니라 "어떻게"로. **단언컨대 그렇게 선언한 사람의 내일은, 이전과는 완전히 달라질 것이다.**

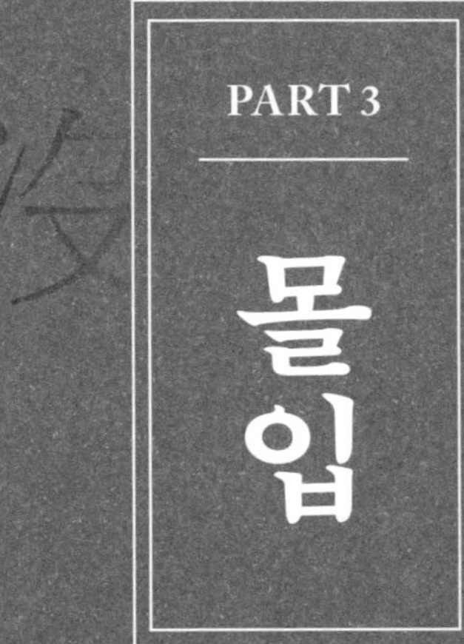



# 몰입

: 폭발적인 성장을 위한 은둔

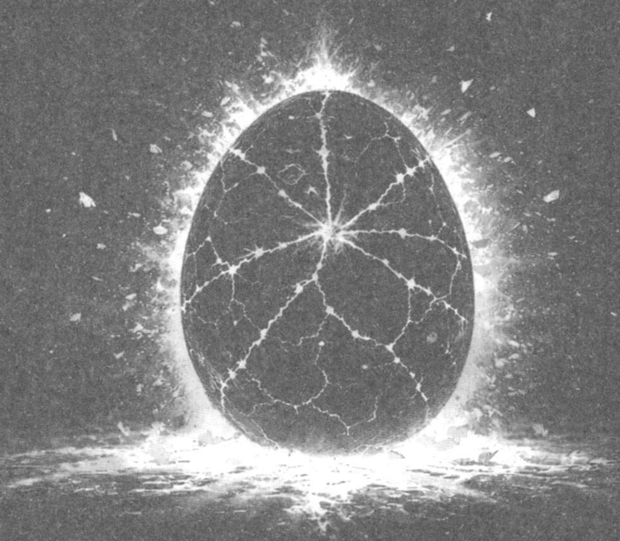

# 沒入
## 몰입

---

沒 **잠길 몰** : 잠기다, 빠져들다

入 **들 입** : 들어가다

---

몰입은 다른 것이 보이지 않을 정도로
한 대상 안으로 깊게 들어가는 상태이다.

＊　＊　＊

이전 장에서 결단을 했다면 이제 파고 들어갈 때다. 생각을 통해 마음을 먹었다면 행동해야 한다. 더 이상 "무엇을 하겠다", "앞으로 할 것이다"가 아닌 해낸 존재가 되어야 한다. 이번 장에서 다룰 '몰입(沒入)'의 사전적 의미는 잠길 몰(沒), 들어갈 입(入)이다. 말 그대로 한 대상 안으로 깊이 들어가는 상태로, 다른 것이 보이지 않을 정도로 빠져드는 것이다. 나는 이 단어를 좋아한다. 왜냐하면 몰입은 성공의 핵심이고, 필수적인 단어이면서도 그 의미 자체가 아름답기 때문이다.

많은 사람들은 몰입을 '열정'이라고 착각한다. 감정이 달아오르는 상태, 밤새워 일하는 날, 의욕이 폭발하는 며칠을 몰입이라고 부른다. 하지만 그것은 몰입이 아니라 소모이다. 활화산처럼 끓어오르는 에너지는 오래가지 않는다. 오히려 잔잔한 모닥불 같은 몰입보다 약하다. 감정은 언젠가 꺼지기 마련이고, 사람은 결국 익숙한 자리로 돌아가기 때문이다. 그래서 작심삼일이 반복되고 호기롭게 했던 결심이 순식간에 무너지는 것이다. 그리고 마지막에 "나는 원래 이런 사람인가 보다", "해도 안 되네"와 같은 말을 한다.

내가 말하는 몰입은 그런 것이 아니다. **이 책에서 강조하는 몰입은 기분이 아니라 구조이고, 폭발이 아니라 반복이다.** 더 하는 것이 아니라, 덜 흔들리는 것이고, 단 하루 바짝 불타는 것이 아니라, 내일도 같은 선택을 하게 만드는 기술이다. 즉 몰입이란, 하루의 선택이 같은 방향으로 반복되는 상태이다. 나뿐만 아니라 내가 만난 모든 성공한 사람들은 하나같이 짧은 집중이 아니라 흔들리지 않으며 묵묵히 끌고 가는 장기간의 몰입으로 원하는 것을 얻어냈다.

그렇다면 몰입은 무엇을 반복하는가? 물론 '행동'이지만 그 이전에는 '생각'이 있다. 우리가 흔히 말하는 노력은 행동을 앞세운다. '일단 해', '일단 뛰어', '일단 시작해.' 물론 맞는 말이다. 하지만 삶은 그렇게 단순하지 않다. 인간은 기계가 아니다. 피곤해질 수밖에 없고, 감정은 흔들리고, 상황은 바뀌며, 주변은 시끄럽다. 그럴 때 사람을 다시 자리로 돌아오게 만드는 것은 '의

욕'이 아니다. 결국 생각이다. 생각이 무너지면 행동은 무너진다. 반대로 생각이 살아 있으면 행동은 다시 살아난다. 나는 수많은 사람을 보며 확신하게 됐다. 성과를 만드는 사람들은 행동력이 강한 게 아니라, **생각을 지키는 힘**이 강했다. 목표를 잊지 않았고, 방향을 놓치지 않았으며 중간에 마음이 흐트러져도 결국 다시 자기 자리로 돌아왔다. 그리고 그 차이가 쌓여 인생의 격차를 만든다.

우리는 바쁘게 움직이면 몰입했다고 착각한다. 하지만 속도를 높인다고 몰입이 되는 것은 아니다. 정신없이 움직이는 시간은 오히려 나를 무너뜨리는 경우가 많다. 생각이 없는 노력은 아무리 시간을 갈아 넣어도 결국 '제자리 걸음'이 된다. 반대로 생각이 살아 있는 사람은 같은 시간을 써도 결과가 다르다. 그 사람의 노력은 앞으로 나아가는 성질을 갖는다. 그렇기에 멈추지 않는다. 쓰러져도 다시 일어나기에 결국에는 도착한다.

그래서 나는 몰입을 '시간'이 아니라 '방향'으로 정의하고 싶다. 하루가 몇 시간짜리였는지가 아니라, 오늘의 선택들이 어디를 향했는지가 더 중요하다는 것이다. 몰입하는 사람은 하루가 유난히 길어서 이기는 게 아니다. 시간이 많아서 앞서가는 게 아니다. **같은 하루를 써도 선택이 흩어지지 않기 때문에 이기는 것**

**이다.**

삶을 산만하게 만드는 유혹은 언제나 많다. 숏폼, 메시지, 전화, 일정, 모임, 감정, 피곤함. 우리는 하루에도 수십 번 목표에서 밀려난다. 그러나 몰입하는 사람은 다르다. **그들은 한 번도 흔들리지 않는 사람이 아니다. 흔들려도 결국 '다시' 돌아오는 사람이다.** 다시 목표로, 다시 방향으로, 다시 생각으로.

3부에서는 독자들과 몰입에 대해 내가 경험하고 깨달았던 바를 구체적이고 실질적인 예시로 전달할 것이다. 내 경험과 노하우에 독자들만의 '경험'을 더해 온전한 몰입의 시간을 마주해보기를 바란다. 몰입하며 잠겨 있던 시간은 우리를 더 단단하게 만든다. 그러니 잠깐의 고요를 두려워하지 말고, 내 인생으로 깊게 다이빙해보자.

# 1

# 단 하나에
# 몰입하라

해머, 몽키스패너, 송곳 중 가장 강력한 것은 뭘까? 역시 가장 큰 파괴력을 지닌 건 해머일 것이다. 무언가를 부수고, 때리고, 밀어붙이는 힘은 해머가 압도적이다. 그렇다면 질문을 바꿔보자. 이 중, 가죽을 뚫을 수 있는 건 뭘까? 답은 송곳이다. 송곳은 강력하지는 않지만 뾰족하다. 힘으로는 해머를 이길 수 없지만, 뾰족한 끝이 있다. 딱 한 곳으로 모든 에너지를 모아 박아 넣는다. 그래서 파괴력이 크지는 않지만 가죽을 뚫는다. **망치는 가죽을 뚫지 못하지만, 송곳은 가죽을 뚫을 수 있다.** 이 문장이 몰입의 본질이다.

우리는 이상하게도 해머처럼 살려고 한다. 힘을 잔뜩 키우고, 도구를 많이 모으고, 할 일을 늘린다. "요즘은 이것도 해야 한다더라", "저 사람은 저걸로 돈 벌었다더라", "이거 안 하면 뒤처진다더라" 이런 말을 들으면 우르르 움직인다. 누가 책을 추천하면 우르르. 누가 강의를 추천하면 우르르. 누가 새로운 플랫폼에서 돈을 벌었다고 하면 우르르. 그렇게 우리는 '정보'에 반응하며 항상 바쁜 사람이 된다. 그런데 문제는 바쁨이 아니다. 흩어짐이다. 에너지가 여기저기 새면 결국 남는 것이 없다. 송곳처럼 뾰족해지지 못하고 도구 상자만 커지는 것이다.

이것저것 다 하다 결국 아무것도 이루지 못하는 사람은 몇 가지 특징이 있다. 먼저 1년 이상 지속하는 것이 없다. 주식 투자에 빠져 열심히 공부하는 듯 하다가 생각보다 결과가 좋지 않자 부업에 관한 공부를 한다. 부업에 관한 공부도 하나를 진득하게 하는 것이 아닌 이것저것 맛보기 식으로 한다. 이는 더 짧게 일 단위로 이루어지기도 한다. 하루는 부동산을 공부하고, 다음 날은 주식에 대해 파헤쳐보고, 그 다음 날은 온라인 부업을 알아보며, 또 다음 날은 다른 것을 하고 있다. 이미 어느 정도 경지에 오른 사람이 이런식으로 공부하는 것은 '감'을 잃지 않기 위해 하는 공부겠지만, 초심자가 이렇게 한다면 그중 어느것에서도 성과를 못 낼게 분명하다. "조금 알게 된 것들"만 쌓이고, 어느 하나 "뚫어낸 것"은 없다. 깊이가 생기려는 순간마다 방향을 바꾸기 때문이다.

그래서 어느 지점에서부터는 자존감이 무너진다. 노력은 했는데 성과가 없으니 결국 자신을 탓하거나 세상을 탓한다. 더 무서운 건 그때부터다. 성과가 없으니 불안해지고, 불안하니 또 새로운 걸 찾는다. 그리고 그 새로운 것에 또 우르르 달려간다. 분산이 분산을 낳는 악순환이다.

반대로 크게 성공한 사람들을 보면, 그들의 출발점은 놀라울 만큼 단순하다. 세상은 종종 "다 잘하는 사람"이 성공한다고 착각하지만 현실은 다르다.

## 대부분은 한 가지를 끝까지 파고든 사람이 판을 바꾼다.

전설적인 투자자 워런 버핏Warren Buffett은 첫 주식을 샀던 11살부터 2026년 1월 1일 95세의 나이로 은퇴하는 그 순간까지 '주식'이라는 하나의 세계에 평생을 걸었다. 어떤 기업이 돈을 벌고, 어떤 구조로 성장하고, 어떤 경영진이 어떤 판단을 하고, 경쟁 우위가 무엇인지. 그는 오로지 그것만 수십 년을 파고들었다.

비트코인이 등장한 이후 많은 투자자가 비트코인에 관심을 보이고 투자를 했지만 워런 버핏은 끝내 그 대열에 합류하지 않았다. 심지어 모두가 비트코인에 열광할 때 그는 비트코인이 자신의 원칙과 맞지 않는다는 이유로 투자하지 않았다. 여기에서 중요한 건 비트코인을 낙관적으로 보느냐 비관적으로 보느냐가 아니다. 자신의 분야에만 오로지 몰입하고 그 이외의 것에는 흔들리지 않는다는 사실이 중요한 포인트다.

여기서 이런 반박을 할 수 있다. "그럼 일론 머스크는요? 전기 자동차도 하고, 우주도 하고, 태양광도 하고 이것저것 다 하잖아요." 지금의 그는 다양한 사업을 하고 있지만 그의 시작점으로 돌아가보면 그도 단 하나에 몰입을 했다. 그의 첫 사업은 Zip2라는 온라인 지도 서비스였고, 해당 사업을 성공적으로 만들고 매각을 한 후에 그 다음 것, 또 그 다음 것으로 나아갔다. 즉, 어느 하나라도 큰 성과를 내는 매듭을 짓고 나서야 다음으로 넘어갔다는 것이다.

성공한 사람들은 지금은 겉으로는 여러 개를 동시에 하는 사람처럼 보이지만 그들도 처음에는 단 하나부터 시작을 했다. **처음부터 확장한 사람이 아니라, 단 하나를 집중해 먼저 뚫어낸 뒤 확장한 사람이라는 것이다.**

나는 다행히 단 하나에 집중해야 한다는 것을 일찍 깨달았다. 대학생 때 읽었던 책 《원씽》 덕인지, 성공한 사람들의 유튜브 영상을 보고 또 보면서 조언을 새겨들은 덕인지는 모르겠지만 무언가를 할 때에는 항상 하나씩 해나갔다. 부자가 되겠다는 마음을 먹고 처음 시작한 자기계발은 부동산 공부였는데, 그때에도 오로지 부동산 공부에만 집중했다. 다른 걸 섞지 않았다. 물론 유혹은 많았다. '주식'이 돈 벌기에 가장 좋다더라, '스마트 스토어 부업'이 요즘 대세라더라, 뭐가 좋다더라 하는 말이 수없이 흘러들어왔다. 그때 나는 스위치를 OFF했다. 내가 하고자 하는 것 이외에는 모두 소음이라고 생각했다. 원하는 것에 대해 제대로 파고들 때까지는 말이다.

이후 나는 부동산 단 하나에 제대로 미치기 시작했다. 부동산 책을 닥치는 대로 읽었고, 시간이 나면 늘 부동산 임장을 다녔다. 당직 근무를 서고 밤을 샌 다음 날에도 한 군데라도 더 다니기 위해 샤워로 잠을 깬 뒤 집 밖을 나섰다. 하나에 미치기 시작하니 배움의 속도는 생각보다 빨랐다. 낯설었던 용어들이 이해되기 시작했고, 지도에서만 보이던 동네를 내 발로 직접 밟아 보니 나중에는 머릿속에 생생히 떠올랐다. 뿐만 아니라 각종 규제와 장애물조차 해결할 방법들이 보였다. 그리고 그 결과, 무일

푼으로 시작해 20대에 아파트 두 채를 갖게 되었다. 나는 여기서 부동산 공부를 통해 얻었던 성과를 자랑하거나 첫 시작을 부동산으로 하라는 얘기를 하고 싶은 게 아니다. **무엇을 하든 당신이 집중할 단 하나에 몰입하라는 말이다.**

나는 이 철칙을 여전히 지키고 있다. 전역을 준비하던 시기부터 지금까지는 SNS 콘텐츠에 미치기로 했다. 그때부터는 잠시 부동산에 대한 스위치도 OFF시켰다. 단 하나에만 몰입을 했을 때 성과가 난다는 것을 알았기 때문이다. 그 덕에 불과 3년 전, 당시 인스타그램의 '인'자도 몰랐던 직업군인은 오로지 콘텐츠에만 몰두하여 콘텐츠 기획능력, 제작능력을 갖게 되었다. 전역하는 시기에는 2만 명의 영향력을 갖게 되었고, 지금은 유튜브 포함 20만 명의 영향력과 콘텐츠 제작을 대행해주는 사업체도 갖게 되었다.

사람들은 본능적으로 리스크를 줄이기 위해 이것저것 많은 것을 한다. "하나만 했다가 실패하면 어떡하지?"라는 두려움 때

문이다. 그런데 역설적이게도 그 본능이 성장을 방해한다. 왜냐하면 이것저것 하다 보면 에너지는 분산되고 남는 건 피로와 어정쩡한 결과물이기 때문이다.

단 하나에 모든 것을 걸어라. 여러 가지를 해보는 체험단이 되지 마라. 뽀족한 송곳, 단 하나의 우물을 파는 사람이 되어라. 강해지기 이전에 뽀족해지기 바란다. 무엇이든 한 번만 뚫어내면, 그 다음부터는 그 깨달음으로 인해 성장에 날개가 달리고, 내가 생각지도 못했던 확장의 기회들이 따라온다. 지금은 넓힐 때가 아니다.

송곳이 되어 한 지점을 뚫을 때다.

<h1 style="text-align:center">2</h1>

# 생각하는 대로 살지 않으면
# 사는 대로 생각하게 된다

내가 성공을 꿈꾼 뒤로 늘 품에 끼고 다니는 것이 있다. 바로 '성공 플래너'이다. 성공플래너의 시작은 내 군생활 시절로 돌아간다. 회사로 치면 신입사원인 초급간부 시절 나는 '어떻게 하면 일을 더 잘할 수 있을까?'에 대한 고민이 상당히 많았다. 그 고민은 꼬리에 꼬리를 물다 부대의 장이자 우두머리인 대대장님의 생각과 지시를 빠르게 그리고 바르게 수행하는 것이라는 답에 다다랐고, 그것이 곧 '우선순위'라는 걸 깨달았다. 그래서 나는 당시 '대대장님의 지시사항'을 합당한 방법으로 신속, 정확하게 처리하는 것을 목표로 잡았다.

그리고는 나만의 노트를 하나 만들었다. '업무 바인더'라는 노트를 만들고, 칸을 총 4칸으로 나누었다. 가장 첫 번째 칸은 '대대장님 지시사항', 두 번째 칸은 부대 서열 2위인 '정작과장님 지시사항', 세 번째 칸은 '나의 업무', 마지막 칸은 '주기적 업무'였다. 이 네 가지 칸 중 나는 늘 첫 번째 칸에 가장 많은 에너지를 쏟았다. 대대장님이 무언가를 지시하면 '복명복창'(상급자의 말을 따라하며 인지했다는 것을 각인시키는 군대 문화)을 하며 바로 그것에 돌입했다. 중간 단계에는 대대장님이 먼저 묻기 전에 늘 현재 진행경과를 보고 드렸고, 일을 마치면 마치는 대로 즉각 결과 보고를 했다. 업무바인더 덕분에, 복명복창-중간보고-결과보고를 그야말로 철두철미하게 했다. 당시 대대장이었던 박호근 중령님은 "연주야. 너처럼 하면 나보다는 훨씬 더 잘되겠다."라고 극찬을 해주시기도 했다.

나는 부족함이 많은 장교였지만, 이 바인더를 통해 대대장님의 지시사항과 부대의 업무를 완벽히 해낼 수 있었고 그 결과, 개별적으로 좋은 평가와 표창장을 받을 뿐만 아니라 인접부대로부터 칭찬을 받기도 했다. 그렇게 내가 쓰는 업무바인더는 자연스레 소문이 났다. 후배들뿐만 아니라 군생활을 20년 이상한 부사관, 준사관들도 나에게 이 양식을 달라고 해서 사용할 정도였다. 이때 나는 우선순위의 중요성이 엄청난 힘을 가지고 있다는 것을 뼈저리게 느꼈다.

나는 업무를 더 잘하기 위해 계속해서 업무바인더를 썼다. 2016년, 2017년, 2018년… 전역하는 해였던 2022년까지 단 한 해도, 그리고 단 하루도 빠지지 않고 업무바인더를 썼다.

그리고 2022년, 전역의 해가 다가오자 문득 이런 생각이 들었다. "군대에서 일을 잘하기 위해 나만의 '업무바인더'를 썼다면, 인생에서 잘 살기 위해서는 나만의 플래너를 쓰면 되지 않을까?", "그래! 한번 만들어보자!"라는 생각으로 동네 제본소로 향했다. 당시 성공하고 싶은 마음이 간절했기에 이름을 '성공플래너'라 정했다. 대대장님 말씀-정작과장님 말씀-나의 업무-주기적 업무로 사용했던 것을 오늘의 목표-오늘 한 일-감사일기로 변형하였다. 그리고 대대장님의 말씀이 아닌 내 개인적인 목표를 이루기 위해 가장 중요한 것들을 우선순위대로 적었다.

우선순위의 힘은 군대뿐만 아니라 '나'에게도 정확히 먹혔다. 나는 내가 해야 할 일 중 가장 중요한 일을 늘, 일어난 직후인 새벽에 해치웠다. 남들은 하루가 끝날 때 "막상 오늘 한 게 아무것도 없네" 또는 "오늘 이것저것 하다가 중요한 것을 못했네"라고 말할 때 나는, "출근하기 전에 나에게 가장 중요한 것을 끝냈구나"라고 외치며 하루를 시작했다. 뿐만 아니라 자투리 시간에는 어떤 자기계발을 할지, 퇴근한 이후에는 무얼 할지까지 모두 출근 전에 정하고 하루를 시작했다. 전에는 나에게 주어진 것들만 하는 정도였다면 이제는 새벽 시간에 하루를 설계하고, 인생을 설계하기 시작한 것이다. 전에는 사는 대로 생각했다면 이제는 생각하는 대로 살게 되었다.

우선순위대로 행동을 하다보니 내가 생각하고 원했던 목표들은 대부분 이룰 수 있게 되었으며, 무엇보다 주도적인 삶을 살아가게 되었다. 업무바인더부터 시작했던 플래너는 내 성공에 불을 붙여주고 날개를 달아주는 러닝메이트가 되었다.

뿐만 아니라 이 플래너는 많은 사람의 꿈을 이뤄주고 있다. 나 혼자 제본소에 가서 만들었던 2022 성공플래너는 2023년부터 양산을 하여 판매하기 시작했다. 특히나 2023 성공플래너는 나에게 굉장히 뜻깊은 제품이다. 지금보면 디자인도, 퀄리티도 어설프지만 내가 8년간 복무하던 군대에서 벗어나 처음으로 돈을 벌어봤던 방법이고, 수익금을 보육원에 전액 기부했던 의미 있는 프로젝트이기도 하다. 또한 그 덕에 많은 고객들과 만날 수 있었고 2024, 2025, 2026 성공플래너를 지속해서 만들 수 있게 되었다. 지금은 플래너와 함께 1,200명이 넘는 카톡방에서 매일 아침 자기계발을 진심으로 사랑하는 사람들과 기상 인증, 플래너 작성을 인증하며 하루를 시작하고 있다.

플래너를 쓰는 사람들은, 하루의 시작 전 오늘을 어떻게 살아갈지, 오늘 나에게 중요한 것이 무엇인지를 생각한다. 운동선수로 치면 오늘 시합에 나갈 동선과 일정을 체크하고, 시합 전

상황을 머릿속으로 그려보는 일이라고 할 수 있겠다. 나는 이 사소해보이는 습관 하나가 운명 전체를 바꾼다고 믿는다. 하루를 통제할 줄 아는 사람은 1년을 통제할 수 있고, 1년을 통제할 줄 아는 사람은 인생을 통제할 수 있기 때문이다.

그래서 이 글을 읽는 독자들에게 반드시 플래너를 사용해보라고 추천하고 싶다. 플래너를 써보라고 권했을 때 가장 많이 돌아오는 답 중 하나는 "저는 플래너를 사도, 한 달도 채 못가고 그만둬요"라는 말이다. 이에 대한 답변으로, 두 가지 팁을 주자면 다음과 같다.

첫 번째 팁은 '대충 써라'이다. 사람들은 무언가를 하기 전에 완벽히 해야겠다는 생각을 갖는다. 플래너도 마찬가지다. 플래너를 구매할 때 모든 쪽, 모든 칸을 완벽히 채우려는 마음에 들뜬다. 하지만 이는 부담으로 다가오게 되고, 심리적인 장벽을 만든다. 왜 꼭 플래너는 꽉 채워야 하는가? 왜 모든 칸을 빠뜨리면 안 되는가? 플래너는 꽉 채우는 게 중요한 게 아니라, 한 줄을 쓰더라도 내 생각을 종이에 옮기는 것이 핵심이다. 거창하지 않아도 된다. 짧아도 된다. 극단적으로 말하면 대충 써도 된다. 대충 쓰는 것이 스스로 장벽을 만드는 것보다 훨씬 낫다.

두 번째는 플래너를 쓰는 시간을 정하는 것이다. 즉 루틴을 만들라는 말이다. 사람들에게 "리치파카님은 어떻게 하면 그렇게 하루도 안 빠지고 플래너를 쓰나요?"라는 질문을 들을 때마다 내 팁은 무엇인가에 대해 생각해봤는데, 그 답은 고정된 시간이었다. 나는 매일 새벽 4시 40분부터 50분까지 플래너를 쓴다. 비가 오나 눈이 오나, 여름이든 겨울이든 딱 그 시간이다. 나라는 사람에게는 '플래너를 그 시간에 쓴다'라는 개념보다는 '그 시간은 플래너를 쓰는 시간이다'라는 개념이 더 맞을 정도로 그냥 그 시간은 고정값이다.

새벽에 일어나라는 것이 아니다. 내 기상시간에 맞춰 하루를 시작할 때 플래너를 쓰는 고정 시간을 확보하라는 것이다. 아침에는 너무 정신이 없고 헐레벌떡 출근하느라 바쁘다고? 그럼 점심도 좋다. 식사 후 업무를 시작하기 전에 쓰는 것도 나쁘지 않다고 본다. 나만의 루틴을 만들 수 있으니 말이다.

플래너는 **내 삶의 운전대를 잡는 것과 같다.** 운전대를 잡는 그 순간부터 우리는 '내가 선택한 삶'을 살 수 있다. 누가 시키는 것이 우선이 아닌, 내가 플래너에 적은 하루의 계획을 우선시하며 사는 삶. 그게 바로 사는 대로 생각하는 것이 아닌, 생각하는 대로 사는 삶이다.

생각하는 대로 사는 삶은 재미있기까지 하다. 하루를 시작할 때 내가 쓰는 글이, 오늘의 현실이 되기 때문이다. 내가 적었던 글을 행동해내고, 이를 체크표시하는 재미도 쏠쏠하다. 써 놓았던 플래너들이 쌓이면 되돌아보는 것도 굉장히 흥미롭다. 지금 봤을 때는 별거 아닌 것을 목표로 적어놨던 과거들을 보면 귀엽기도 하고, 한편으로는 '나 스스로 성장했구나'라며 뿌듯해 할 수 있다. 매일매일 사소하게라도 플래너를 쓰는 습관을 가진다면, 게임 캐릭터를 키워내듯 자신을 재미있게 성장시킬 수 있을 것이다.

성공플래너

# 3

# 새벽 4시 30분의
# 기적

나의 하루는 남들보다 조금 일찍 시작된다. 아침 6시, 5시 반… 그렇게 계속 당기기 시작한 게 4시 반이라는 시간으로 정착되었다. 사실 처음부터 새벽이 잘 맞았던 건 아니었다. 새벽 기상을 하던 초반에는 낮만 되면 무기력함을 느꼈고, 업무할 때 졸기도 했다. 한 번은 회의 때 졸다가 과장님께 잠을 깨고 오라고 혼난 적도 있다. 그럼에도 나는 새벽 기상에 계속 도전을 했다. 간절히 성공하고 싶은 마음이 컸고 배우고 싶은 것도 많았지만, 저녁에는 회식이나 야근, 다양한 일정들로 고정된 시간을 확보하기가 어려웠다. 그리고 무엇보다 성공한 사람들의 책을 읽으며 그들이 공통적으로 하는 습관 중 하나가 새벽 기상이라는 것을 발견했기 때문이다.

우리나라 산업을 일으켜 세웠다고 말해도 과언이 아닌, 삼성과 현대. 그리고 이 회사를 만든 삼성의 창업주 故 이병철 회장과 현대의 故 정주영 회장은 새벽을 열었던 것으로 유명하다. 그리고 그들은 아침 시간을 굉장히 중시했다. 이병철 회장은 매일 새벽 6시에 일어나 하루 계획을 빈틈없이 세우는 것으로 유명했고, 정주영 회장은 새벽 4시면 일어나서 5시에는 현장상황을 보고 받았다고 한다. 뿐만 아니라 "나는 젊었을 때부터 새벽에 일어났어. 더 많이 일하려고"라는 명언을 남기기도 했다. 과거의 리더뿐만 아니라 이 시대의 글로벌 리더 또한 마찬가지이다. 애플의 CEO 팀 쿡Tim Cook은 새벽 4시 전후에 일어나는 것으로 알려져있고, 버진 그룹 창업자 리처드 브랜슨Richard Branson은 새벽 5시에 기상한다. 사실 나열하기 어려울 정도로 새벽에 일어나는 글로벌 CEO들이 많다.

이처럼 크게 성공하는 사람들은 왜 새벽을 선택하는 것이며, 새벽을 선택한 사람들은 어떻게 해서 기적을 만들 수 있는 걸까? 새벽은 피곤하고 힘든 시간이다. 특히나 추운 겨울에는 더더욱 그렇다. 이 시간에 일어날 수 있는 사람들은 단순히 부지런한 사람이 아니라 '간절함'을 가지고 있는 사람이다. 그렇게 얻은 새벽의 시간은 무게가 다르다. 간절함이 담겨있는 시간이 기에 그렇다. 뿐만 아니라 각종 소음과 외부의 방해도 없다. 고요하고 적막하기에 집중하기에도 최적이다. 이때의 몰입도와 에너지, 상상력은 주간의 시간과 비교가 되지 않는다. 수면을 통해 잡념을 없애고 에너지를 채운 상태이기 때문이다. 기계로 치면 배터리가 100%인 상태와 같다.

새벽 기상과 함께 한 번쯤은 해볼만한 것이 바로 새벽 러닝이다. 나는 새벽 5시에 러닝을 하는데 그 시간에 나가 땀을 흘리면 이런 생각이 든다. "내가 이 시간에 달리기도 하는데 못 할 게 뭐가 있으랴" 나아가 이 세상은 나의 것이고, 내 삶은 반드시 내가 원하는 대로 흘러간다는 자신감까지 생긴다. 물론 새벽 러닝은 다소 난이도가 있을 것 같아서 매일 해보라고 권하기는 어렵지만, "인생을 바꿔보겠다", "한번 미쳐보겠다"라고 마음 먹은 사람이라면, 마음을 먹은 다음 날 딱 한 번이라도 해보기를 추천한다. 가슴이 쿵쾅쿵쾅거리고 곧이라도 용암이 분출될 것만 같은 그 마음, 그 감정을 한번이라도 느껴봤으면 한다.

"위대한 책을 쓰고 싶다면 자신이 먼저 그 책이 되어야 한다."라는 말이 있다. 나는 누구보다도 성공하고 싶은 간절한 마음을 가지고 있었기에 부자들의 습관을 답습하기로 했고, 그중 하나가 새벽 기상이었다. 삶을 바꾸고 싶다면 이전과는 완전히 다른 선택을 해야 하고, 내가 그 변화의 극단으로 들어가야 한다. 큰 성공을 거두거나 이미 앞서나간 사람들을 더 앞지를 수 있는 미친 행동들을 해보거나, 적어도 그들을 따라하는 정도는 해야 원하는 것을 이룰 수 있지 않을까?

새벽 기상은 간절함과 의지가 중요하지만 이것만으로 매일 하기에는 역부족이다. 의지뿐만 아니라 기술과 환경도 반드시 필요하다. 당장 내일부터라도 새벽 기상을 하고 싶어하는 독자들을 위해 몇가지 팁을 공유한다.

첫째, 일찍 자라. 최소 7시간은 자야한다. 새벽 2시에 자며, 4시 반 기상을 바라는 건 어불성설이다. 아니, 내 몸을 믹서기에 갈아 넣는 것과 비슷한 자살행위다. 기계도 충전을 해야 작동을 하듯, 일찍 자서 몸을 충전해야 일찍 일어날 수 있다. 물론 나도 전역을 준비하는 기간에는 시간이 촉박하다고 느껴 잠을 줄였지만, 최근에는 7시간에서 7시간 반 정도 충분한 수면을 취한다.

둘째, 알람을 멀리둬라. 알람을 침실에 두면 일어나기가 굉장히 힘들다. 나도 알람을 침대에 둔다면 잘 일어날 자신이 없다. 알람이 손에 닿는 곳에 있으면, 손을 뻗어 알람을 끄고 다시 눈을 감게 되어있기 때문이다. 그 상태는 아직 잠이 깨지 않은 상태이고, 심지어 누워있는 상태이기에 일어나기 더욱 어렵다. 하지만, 알람을 거실이나 침실이 아닌 다른 곳에 두면 알람을 끄기 위해 몸을 일으켜 세워야 한다. 어쩔 수 없이 몸을 일으키고, 몇 발자국이라도 걸어가서 알람을 꺼야 한다. 알람으로 가는 그 순간에 조금이나마 잠이 깬다. 침대에 누워서 끄는 것과는 천지차이이다.

셋째, 환경 세팅을 해라. 나는 매일 인스타그램과 카카오톡 방에 나의 기상을 인증한다. 스스로에게 환경을 부여해서 부담을 주는 것이다. 매일 새벽에 일어나겠다고 SNS, 카톡방 등 온 천하에 이미 선언해서 인증을 안 하려야 안 할 수가 없다. 이처럼 스스로 환경을 만들거나 다른 누군가와 함께 할 수 있는 환경을 만들어라. 부담이 되기도 하지만 그 부담이 나를 깨우기도 한다.

위 방법들과 간절함을 함께 장착한다면 새벽에 일어나는 것이 그리 힘들지 않을 것이다.

내가 가장 많이 받는 질문 중 하나는 "새벽에 일어나면 안 힘든가요?"다. 물론 때로는 힘들다. 하지만 지금 하지 않으면 인생을 바꿀 수 없다는 것을 알고, 찰나의 피곤함보다 돈 때문에 평생 고생하는 것이 100배는 더 힘들다는 걸 알기에 이 정도는 힘들지 않다. 아니, 즐겁다고 표현하는 것이 더 맞을 듯하다. 일부 사람들은 새벽 기상을 '고통'이라고 생각하지만 **새벽은 내 삶을 바꿀 가장 강력한 무기이자, 성공으로 향하는 가장 경제적인 지름길이라 확신한다.**

# 4

## 진짜 미라클 모닝의
## 의미

이전 챕터를 읽고 이런 생각을 한 독자들도 분명 있을 것이다. "나는 도저히 일찍 못 일어나겠어", "내 업무 환경상 새벽 기상은 불가능해", "지금 아기 육아로 인해 불가능한데…" 괜찮다. 오히려 이 장은 그런 사람들을 위한 장이다. 그리고 동시에 미라클 모닝에 대한 오해를 깨주는 장이기도 하다.

많은 사람들이 미라클 모닝을 '새벽 기상'으로 착각한다. 하지만 새벽 기상과 미라클 모닝은 엄연히 다르다.

새벽 기상은 말 그대로 새벽에 일어나는 것을 말한다. 새벽 4시, 5시, 6시 일찍 기상하는 것 말이다. 그렇다면 미라클 모닝의 의미는 뭘까? 미라클 모닝의 의미는 '시간'이 아니라 **하루를 주도적으로 시작하는 것**'이다. 새벽 4시 30분에 일어나더라도 눈 뜨자마자 스마트폰을 켜고, 침대에서 쇼츠를 넘기고, 타인의 인생을 구경하다가 허겁지겁 출근한다면? 그건 미라클 모닝이 아니다. 그건 그냥 '일찍 일어난 스마트폰 중독자'일 뿐이다. 반대로 새벽 기상은 못하더라도, 오전 10시에 일어나 단 10분의 시간이라도 내어 하루를 주도적으로 시작하는 행위로 맞이한다면 이는 미라클 모닝이다.

미라클 모닝 개념을 전세계에 알린 할 엘로드Hal Elrod가 주창하는 미라클 모닝 개념은 'SAVERS'로 정의된다. SAVERS는 다음 6가지 아침 습관으로 하루를 재정렬하는 방식이다.

- **Silence** : 침묵

- **Affirmations** : 확언

- **Visualization** : 시각화

- **Exercise** : 운동

- **Reading** : 독서

- **Scribing** : 기록

침묵Silence을 갖는건 심호흡을 하거나 명상을 하는 것을 말한다. 나는 수행가는 아니지만 명상을 하는 건 특히 요즘 시대의 사람들에게 가장 권하고 싶은 행동 중 하나이다. 왜냐하면 요즘 우리는 많은 트래픽을 넘어 소음공해 수준의 세상에 살아가고 있기 때문이다. 전쟁, 살인 등 각종 자극적인 뉴스, 정신을 쏙 빼놓고 눈을 시뻘겋게 만드는 SNS 콘텐츠 틈에 어쩌면 우리는 좀비가 되어가고 있는지도 모른다. 우리의 뇌에 너무나 큰 자극을 주고 있는 셈이다.

이때 명상을 너무 거창하게 생각하지 말고 쉴 틈이 없는 나 자신에게 잠시 주는 휴식으로 생각하면 좋겠다. 나아가 이것이 습관화되면 생각을 고르게 정리하고 삶에 대해 생각해보는 정도로 활용했으면 한다. 이를 위해 천천히 들이쉬는 호흡, 내 몸을 빠져나가는 호흡에 집중하며 이외의 모든 것을 차단하는 연습을 해보자. 숨 쉬는 것만으로도 행복함, 감사함 나아가 나를 느낄 수 있다는 것을 깨닫게 될 것이다.

확언Affirmations은 내가 믿을 문장을 글 또는 내 입으로 뱉어내는 행위이다. 사람은 결국 자신이 한 생각이나 자신이 내뱉은 말을 믿는다. "나는 원래 못해", "나는 금방 지쳐", "나는 되는 일이 없어" 라는 말을 자주 하는 사람들은 실제로 삶이 그렇게 흘러가고, 반대로 "나는 뭐든 잘 해내는 사람이야", "나는 오늘도 성장한다"와 같이 긍정의 확언을 내뱉는 사람은 삶이 점점 더 잘 풀릴 수밖에 없다. 물론 처음에는 나를 응원해주고 스스로에게 용기를 주는 것이 어색하다. 하지만 의도적으로라도 며칠만 해본다면, 자신감과 자존감이 높아진 나를 만날 수 있을 것이다.

시각화Visualization는 우리의 무의식을 가장 잘 활용할 수 있는 방법 중 하나이다. 서울대학교 뇌인지학과 이인아 교수는 유 퀴즈 출연 중, 우리의 뇌는 상상과 거짓을 구분할 수 없다고 말했고, 수많은 뇌과학자들도 이와 같이 말했다. 성공한 사람들은 그 힘을 알기에 이 원리를 시각화라는 것으로 활용하고 있다. 나 또한 매일 시각화를 한다. 플래너를 쓰기 직전 나는 내가 원하는 미래를 마주한다. 아직 이루지는 않았지만 반드시 이룰 것에 대해 이미지를 출력하고, 플래너 맨 앞에 붙여놓은 뒤 매일 반복해서 그것을 본다. 실제로 이전 작품 《부자들의 서재》를 집필할 때에도 시각화를 통해 베스트셀러에 등극을 했고, 이번 책 《딱 1년만 미쳐라》 또한 시각화를 통해 2026년 상반기 출간을 목표로 했기에, 그 꿈이 이루어질 수 있었다.

시각화했던 이미지

실제로 이룬 후 사진

다음은 운동Exercise이다. 아침에 몸을 깨우면 우울함이 줄고, 의지가 올라가고, 판단이 빨라진다. 나처럼 러닝을 하는 것도 좋은 방법이고, 그것이 어렵다면 5분 정도 스트레칭을 한다거나 스쿼트를 20개 정도만 해보는 것도 좋다. 운동이 좋은 이유는 '도파민'이라는 호르몬이 분비되기 때문이다. 도파민은 흔히 쾌락 호르몬으로 알려져 있지만 정확히 말하면 '동기 호르몬'이다. 이는 사람을 움직이게 만드는 연료, 실행하게 만드는 스위치 같은 것이다. 운동을 하면 도파민이 올라간다. 하루의 시작에 도파민을 세팅해놓으면 실행력이 올라가 하루를 쾌활하게 시작할 수 있다. 운동을 통해 땀을 한 번이라도 흘려본 사람은 길게 설명하지 않아도 이 개운함을 잘 알 것이다.

다음은 독서Reading다. 내가 책을 처음 접할 때 내린 독서의 정의는 '배움을 얻는 것', '정보를 얻는 것'이었는데 수많은 책을 독파하고 책을 직접 집필해본 뒤 내린 독서의 정의는 '내 삶에 다른 사람의 사고방식과 지혜'를 들여오는 행위이다. 특히 나는 부자의 경험, 성공한 사람들의 마인드를 들여오는 것을 즐기는데, 책이라는 '가치 집약체'를 어떻게 2만 원 가량에 얻을 수 있는지 신기하고 감사할 따름이다.

"요즘은 유튜브 영상도 많으니 책 안 읽고 영상으로 보면 안

되나요?”라는 질문도 종종 받는다. 물론, 영상을 통한 학습 또한 굉장히 유익하다고 생각하지만, 분명한 차이점이 있다. 영상은 제작자의 의도에 맞게 내가 설득되는 과정이라면 독서는 잠시 멈추기도 하고, 사색에 빠지기도 하며 호흡을 내가 조절하는 배움의 과정이다.

마지막은 기록Scribing이다. 기록은 보이지 않는 우리의 생각을 실체로 바꾸는 과정이다. 휘발되기 쉬운 생각을 종이에 각인시키는 행동이자 시간이 지나도 꺼내볼 수 있는 역사로 바꾸는 행동이다. 나는 플래너에 목표와 계획 그리고 감사일기를 기록한다. 목표와 계획은 복잡한 생각을 명료하게 정리해주고, 감사 기록은 마음의 풍요를 준다. 개인적인 생각이지만 감사일기를 기록하는 것은 인상에도 좋은 영향을 끼친다고 확신한다. 감사 일기를 쓸 때면 아주 옅게 입가에 미소가 지어지는데 1년 365일 이 행동을 반복하다보면 어느새 ‘웃는 상’이 되어있지 않을까 싶다. 실제로 나는 오랜만에 만나는 사람들에게 “얼굴도 더 좋아지고 인상도 더 부드러워졌는데?”라는 소리를 듣는다.

여기까지 읽은 독자라면 이런 생각이 들 수도 있다. “근데 이걸 다 어떻게 해요?” 괜찮다. 위 행동들을 아주 간략히 1분씩만 하는 것도 방법이고, 6개 중 내가 하고 싶은 루틴들을 선택해 일부만 하는 것도 괜찮다. 처음하는 사람들에게는 오히려 더 적게 하는 것을 추천하고 싶다.

당장 내일 위에 설명한 여섯가지 행동 중 시도해볼 몇 가지를 정하고 시간을 할당해보자. 하루를 주도적으로 시작하는 경험은 꽤나 유쾌할 것이며 무언가 채워진 느낌으로 하루를 시작할 수 있을 것이다.

# 5

# 루틴 없이
# 몰입을 논하지 말라

스포츠의 정점에서 '전설'이라 불렸던 선수들은 모두 저마다의 루틴을 가지고 있다. 수영 황제라고 불렸던 마이클 펠프스Michael Phelps는 경기 시작 2시간 전부터 분 단위로 짜인 루틴을 가동하는 것으로 유명했다. 정확히 80분간의 워밍업을 마치고, 스트레칭을 한 뒤 특정 브랜드의 헤드폰으로 에미넴Eminem의 힙합 음악을 들으며 긴장을 조율했다. 그리고 시합 직전, 스타팅 블록 위에 서서 양팔을 세 번 크게 휘두르는 동작으로 마침표를 찍었다.

우리나라 역대 최고의 축구스타이자, 프리미어리그 득점왕

까지 차지했던 손흥민 선수도 자신만의 루틴을 가지고 있다. 그
는 그라운드에 늘 오른발로 들어서며, 달려가다가 오른발로 크
게 점프한 뒤 착지하자마자 왼쪽으로 대각선으로 전력질주 이
후 오른쪽, 왼쪽, 다시 오른쪽으로 짧은 스텝들을 가져간 뒤 속
도를 줄이는 루틴을 가지고 있다.

스포츠 스타뿐만 아니라 세계적인 천재였던 사람들은 모두
자신만의 루틴을 가지고 있었다. 알버트 아인슈타인Albert Einstein
은 거의 매일 같은 시간에 산책을 했고, 같은 옷 스타일을 고수
했으며, 베토벤Ludwig van Beethoven은 매일 같은 시간에 커피를 내
렸다. 그리고 오전에는 작곡, 오후에는 산책이라는 일과를 평생
반복했다.

이들이 이토록 자신만의 루틴을 강조한 이유는, 루틴은 '집
중을 만드는 장치'이기 때문이다. 집중은 마음만으로 만들어지
지 않는다. 집중은 환경과 조건이 함께 만들어준다. 특히 시합처
럼 긴장감이 높은 곳에서는 더더욱 그렇다. 관중의 함성, 상대
의 기세, 실수에 대한 공포 등 모든 변수는 사람을 흔들어놓는
다. 그 순간 나만의 루틴에 집중하다보면 평소의 나와 같은 상
태로 나를 돌려놓는다. 즉 루틴은 흔들림을 차단하는 장벽인 것
이다.

　루틴은 운동선수나 영웅들에게만 필요한 게 아니다. 오히려 우리와 같은 보통의 사람들에게 더욱 필요하다. 왜냐하면 대부분의 사람들은 앞서 말한 인물들에 비해 상대적으로 집중력도, 의지도 약하기 때문이다. 루틴이 없는 사람은 의지만으로 매일의 행동을 결정해야 한다. "오늘은 뭘 하지?", "운동을 할까 말까?", "이건 오늘 할까, 내일 할까?"같은 작은 결정들이 사람을 지치게 하고 에너지를 소비시킨다. 그리고 그 에너지가 바닥 나면, 사람은 결국 가장 쉬운 선택을 할 수밖에 없다. 스마트폰 보기, 침대에 눕기, 멍하니 TV보기와 같은 것들 말이다.

　반대로 루틴이 생기면 실행은 쉬워진다. 마치 자전거를 처음 배울 때는 어렵지만 숙달이 된 이후에는 신경도 안 써도 되는 것처럼 행동이 쉬워진다. 무언가에 숙달된 사람들이 "몸에 배었다"라고 말하는 것이 습관과 루틴의 힘을 가장 잘 표현하는 것이지 않을까 싶다.

　나 또한 루틴을 갖기 전에는, 들쭉날쭉한 컨디션과 매일 달라지는 일정으로 인해 고정시간 확보에 어려움을 겪었다. 해야 할 일을 아예 안하고 포기하고 잤던 적도 많다. 그런데 루틴을 만들고 나서는 이러한 문제들이 '자동으로' 해결되기 시작했다. 고정된 시간이 확보된다는 것이 가장 컸고, 무엇보다 루틴을 새벽에 하다보니 일정에 변동이 생길 일이 없었다. 내 루틴을 소개하면 다음과 같다.

### -04:30~04:40 양치 및 물 마시기, 영양제 섭취

거실에서 울리는 알람에 눈을 뜬다. 매일 4시 30분에 알람을 맞추고, 알람을 끄는 시간도 4시 30분이다. 정확히 초 단위로 잰 적은 없지만, 4시 30분 30초 쯤이지 않을까 싶다. 그 다음은 바로 욕실로 향한다. 간단하게 양치를 하고, 거울을 보며 한 번 웃는다. 속으로는 "오늘도 좋은 일이 생길 거야", "난 뭐든 할 수 있어"라고 되뇐다. 곧바로 주방 정수기 앞으로 가서 미온수를 마신다. 이때 유산균이나 그때그때 부족하다고 느끼는 영양제들을 챙겨 먹는다.

### -04:40~04:50 목표 쓰기, 플래너 작성

다음은 목표를 한 번 쓴다. 원하는 것을 하루의 시작에 새기는 과정이다. 플래너에는 오늘 할 일들을 고민하며 적고, 무엇을 먼저할지 우선순위를 매기며, 3가지 감사일기와 확언을 적는다.

### -04:50~05:00 명상

초창기에는 숨을 들이마시고 내쉬는 정도
만 했었다면 이제는 내가 명상 때 들을 영상
과 오디오를 직접 제작해서 유튜브에 올려두
었다. '부'에 관한 확언을 듣고 마음에 새기며
8~10분 정도 심호흡을 한다. 명상을 할 때 무엇을 틀어놔야 할
지 모르겠다면 내 영상을 함께 들어봐도 좋다.

### -05:00~06:00 3km 러닝 및 샤워

다음은 곧바로 달리러 나간다. 집앞에 있는 호수공원을 달
린다. 컨디션이 그리 좋지 않은 날은 2km정도, 무난한 날에는
3km 정도를 달린다. 무리하게 달리기보다는 가볍게 땀을 흘린
다는 생각으로 달린다. 조금전에 소개한 아침확언 영상을 듣
기도 하고, 동기부여를 일으킬만한 영상을 오디오로 들으며 달
린다.

### -06:00~08:00 독서 또는 기획에 관한 업무

사업 또는 자기계발 분야의 도서를 읽거나, 기획에 관한 업
무를 한다. 단순 콘텐츠 기획이 아니라 사업에 관한 기획, 미래

에 관한 기획을 한다. 때로는 종이 한 장을 꺼내 앞으로의 방향과 현 주소에 대한 생각들을 끄적이기도 한다.

새벽에 하는 나만의 루틴은 나를 지지해주는 받침이자 나의 활력을 더욱 샘솟게 해주는 시간이다. 어떤 일이 있어도 흔들리지 않는 나만의 고정된 시간 말이다. 사람은 늘 흔들린다. 감정도 흔들리고, 의지도 흔들리고, 컨디션도 흔들린다. 그런데 루틴이 있으면 그 흔들림이 최소화된다.

독자분들께 추천하고 싶은 건 '사소한 루틴'을 만들라는 것이다. 거창한 루틴이나 남들이 들었을 때 "와, 대단하다" 싶은 루틴 말고, 내가 매일 지킬 수 있는 나만의 루틴. 물론 저녁 루틴도 상관없다. 나와 잘 맞는 시간, 최소 30일간은 고정적으로 도전해 볼만한 루틴을 만들어라.

우선 30일을 해보라고 하는 이유는 단순하다. 사람들의 의지가 가장 쉽게 꺾인다는 말에서 유래한 작심삼일을, 적어도 열 번은 해야하기 때문이고, 내가 지금까지 수많은 시행착오를 겪어본 결과 월 단위로 조정하고 바꿔보며 나에게 맞는 최적화 루틴을 찾는 게 가장 현명한 방법이기 때문이다. 그러니 부담 갖지 말고 난이도가 낮은 루틴을 딱 한 달만 해보기를 바란다. 만약 이 글을 읽는 당신이 첫 달의 루틴을 반복적으로 수행하고, 두 번째 달의 루틴을 만들어보는 단계까지 갈 수 있다면 그 이후의 변화는 자연스레 따라올 것이다.

**6**

# 자기 의심을 차단하는
# 가장 쉬운 방법

사람은 언제 무너지는가? 누군가로부터 질타를 받을 때? 의도치 않은 상황을 만났을 때? 사람이 결정적으로 무너질 때는 스스로를 의심하고, 믿음의 끈을 놓아버렸을 때다. 실수와 실패는 누구나 한다. 문제는 실패가 아니라, 실패 이후에 고개를 든 자기 의심이 나를 붙잡을 때이다. "나는 안 되는구나."라는 생각이 뿌리깊게 박히는 순간 그 어떤 말로도 그 사람을 구제하기 어렵다. 그렇게 새겨진 부정적인 생각은 매사에 비관적인 프레임을 쓰게 만든다.

비관적인 프레임을 쓴 사람은, 기회가 와도 제 발로 걸어찰 수밖에 없다. 책의 좋은 구절을 만나도 나와는 해당 없는 글이라 여길 것이고, 그 누가 좋은 기회를 연결해줘도 의심으로 기회를 차버릴 것이고, 멘토가 될 만한 사람을 만나도 삶이 바뀌지 않을 것이다. 왜냐하면 이러한 사람은 받아들일 준비가 안 되어있고, 스스로 정한 비관적인 결론대로 세상을 바라보기 때문이다. 인생에는 큰 세 번의 기회가 온다는 말이 있다.

그러나 내 생각은 다르다. 큰 기회는 적어도 백 번은 온다. 나에게는 그렇게 기회가 오지 않았다고? 그건 기회가 오지 않은 게 아니라, 알아차리지 못한 것이다. 기회는 지금 이 순간에도 쉴 새 없이 찾아오고 있다. 다만 준비가 안 되어있는 상태에서는 기회가 오려다가 돌아가거나, 왔다고 한들 기회를 기회로 바라보지 못한다.

비관적 프레임의 더 무서운 점은 시간이 지날수록 더욱 짙어진다는 것이다. 처음에는 다소 부정적인 견해를 가진 사람 정도이겠지만, 자칫하면 나중에는 극단으로 치우쳐 세상을 혐오하는 단계까지 갈 수 있다. 꽝꽝 언 얼음처럼, 도저히 깰 수 없을 것 같은 비관적 프레임을 녹일 수 있는 것은 바로 '자기 확언'이다. 확언은 마인드가 완전히 바뀌지 않아도 시도해볼 수 있다. 그저 확언 문장을 한 번 써보는 것으로도 시작할 수 있으니 말이다. 그리고 감사하게도 시중에는 훌륭한 문장이 가득한 '확언 필사' 도서들이 많다. 서점에 들러 필사책을 한 권 집어드는 것도 부정적 프레임의 얼음을 녹이는 불씨 중 하나이다.

이때 의심으로 가득 찬 사람들은 "근데 그걸 어떻게 믿어요? 근거가 있어야 믿죠."라고 말을 하기도 한다. 하지만 이는 굉장히 잘못된 생각이다. 무언가를 이루어보지 않은 상태에서 근거가 어디 있겠는가? 이는 운동을 해보기도 전에 "저는 자격증이 없어요"라고 말하는 꼴과 다를 바 없다. 모든 성공한 사람들 자기 확신으로 가득 찬 사람들은 근거가 충분해서 자신을 믿는 것이 아니다. 오히려 근거없이 자신을 믿는 사람들이, '일단 해보자'의 마인드로 무언가에 도전을 해서 그 도전을 통해 어떠한 근거나 결과를 만드는 것이다. **즉, 근거는 선행이 아니라 후행이다.**

또한 확언을 세뇌라고 오인하는 사람들도 있다. 나는 확언을 단순한 자기 세뇌라고 생각하지 않는다. 오히려 확언은 '과학'에 가깝다. 내 친한 지인 중에는 《운명을 바꾸는 말하기 수업》의 저자이자 미국 로체스터대학에서 커뮤니케이션을 가르치는 이영선 교수님이 있다. 그녀는 '자기 확언', '자기 긍정'을 주제로 박사 논문까지 낸 '확언' 전문가 중 한명이다. 한 번은 이영선 교수와 확언에 대한 이야기를 나눈 적이 있다. 나는 물었다.

"교수님, 제가 매일 쓰고 외치고 있는 확언이 맞는 방향인가요? 실질적으로 도움이 되고 있는 거겠죠?" 이영선 교수는 확언을 하고 있는 루틴에 대해 칭찬을 해주었고, 이어서 먼저 자기 확언Self-Affirmation의 어원에 대해 설명해줬다. affirmation은 ad(~로) + firmus(강한)가 결합된 단어로 '강하게 만든다'라는 의미를 지니고 있다고 한다. 즉 확언은 나를 믿고 격려하며 나를 강하게 만든다는 의미를 지니고 있다. 그러니 세뇌라는 표현보다는 응원이라는 표현이 더 잘 맞다고 볼 수 있다. 이영선 교수가 강조한 또 하나의 핵심은 내가 믿는 생각과 행동이 일관적이고 반복적이어야 한다는 것이다. 즉, 한 번의 말로 끝나는 것이 아니라 그에 맞는 행동을 하고, 이것이 하루이틀로 끝나는 것이 아니라 반복되고 누적될 때 큰 힘을 발휘한다는 것이다.

나는 이 확언을 쓴지 어느덧 5년 정도가 흘렀다. 단 하루도 빠지지 않고 말이다. 이영선 교수의 말대로 5년 간의 누적은 나에게 엄청난 확신을 주었고, 이전에는 찾아볼 수 없던 정체성을 만들었다. 5년 간 나는 스스로를 '무엇이든 해내는 사람'으로 규정했고, 그 말과 행동이 누적되어 이제 100% 나를 믿는 사람이 되었다. 나아가, 그 누구도 나를 무너뜨릴 수 없는 견고함을 갖게 되었다.

결국 확언은 사소한 언행으로부터 시작되며, 이것의 누적이 한 인간의 정체성을 만든다. 오늘부터 당장 나를 위한 확언을 적어라. 다시 한번 말하지만 내가 나를 응원해주지 않는다면, 그 누구도 나를 응원해주지 않을 것이다.

# 7

## 목표를 종이에 적으면
## 이루어지는 이유

생각은 실체가 없다. 머릿속에 머무는 동안 꿈은 그저 유령처럼 떠돌 뿐이다. 하지만 그 생각을 끄집어내어 종이 위에 잉크로 새기는 순간 실체가 된다. 보이지 않던 '생각'이 물리적 세계에 '물질'로 출현하는 첫 번째 사건, 그것이 바로 기록이다. 기록은 단순히 잊지 않기 위한 수단이 아니다. 우리의 뇌를 풀가동시켜 원하는 것을 이루도록 만드는 방법이다.

이러한 원리를 잘 설명하는 것이 인지심리학 개념인 '칵테일 파티 효과Cocktail Party Effect'이다. 시끄러운 파티장, 온갖 음악 소리와 대화가 뒤섞여 아무 소리도 들리지 않는 것 같지만 누군가

멀리서 내 이름을 부르면 그 소리만큼은 선명하게 들린다. 우리의 뇌가 수많은 소음 중에서 '나와 관련된 정보'만을 선별해 들려주기 때문이다. 이러한 선택적 인지를 가능케 하는 뇌의 생물학적 장치가 바로 망상활성계RAS, Reticular Activating System다. 뇌간에 위치한 이 작은 그물망은 정보의 관문 역할을 한다. RAS는 당신이 평소에 가장 많이 생각하고 주의를 기울이는 것을 '중요 정보'로 분류하여, 의식의 영역으로 끌어올리는 역할을 한다. 만약 우리의 뇌에 이런 기능이 없다면 쏟아지는 정보로 인해 머리가 과부하에 걸리고 말 것이다. 종이에 적는 행위는 RAS를 정밀하게 세팅하는 작업이자 칵테일 파티 효과를 내도록 만드는 작업이다. 일단 RAS에 목표가 입력되면 우리의 일상 생활이나 우리가 잠든 사이에도 뇌는 그 목표를 이룰 수 있는 답을 찾아 헤맨다. 그러니 우리의 뇌가 가진 힘을 잘 사용하고 싶다면 목표를 종이에 꼭 적어야 한다.

나는 이 원리를 내 삶으로 증명해내고 있고 자주 활용하고 있다. 2024년에는 '베스트셀러 작가'라는 키워드를 가지고 목표를 매일 적었고, 실제 2024/2025 겨울시즌 자기계발 베스트셀러 Top 10에 진입할 수 있었다. 처음에는 막연한 꿈이었으나 매일 적는 행위가 내 RAS를 자극했다. 내 뇌는 내가 만나는 모든 사람, 읽는 모든 책에서 '베스트셀러의 단서'를 찾아내기 시작했다. 어떻게 하면 훌륭한 책을 탄생시킬까? 어떻게 하면 마케팅을 더 잘 할 수 있을까? 어떻게 하면 입소문 나는 구조를 만들까? 등 온통 베스트셀러 작가가 되기 위한 고민을 했다. 온종일 고민을 하다보니 스쳐 지나가는 정보도 책에 도움이 된다 싶은 것들은 착안하여 반영하였고, 기발한 마케팅 방법을 떠올리기도 했다. 그 결과 대형 유튜브 채널에 비용 없이 출연하기도 했고, 초보 작가들은 엄두도 못낸다는 광화문 교보문고 가장 큰 강연장에서 강연을 하기도 했다.

성공의 관성이 붙자 나는 2025년에 더 큰 선언을 적었다. '20만 명의 영향력을 가진 크리에이터'와 '월 순수익 1억 원'이라는 목표였다. 이때에도 매일 종이에 목표를 적으며 질문을 던졌다. "어떻게 하면 더 좋은 콘텐츠를 만들어 영향력을 가질 수 있을까?", "어떻게 하면 수입을 늘릴 수 있을까?" 내 생각과 잠재의식은 쉴 새 없이 아이디어를 쏟아냈고, 그 결과, 2025년 나는 20만 명의 SNS 영향력을 보유하게 되었다. 월 순수익 1억 원은 아쉽게 실패했지만, 목표를 적고 매일 실행한 만큼 목표에 근접하는 성과를 달성하였고, 이전에는 생각해낼 수 없는 것들을 생각하고 실행하게 되었다.

그렇다면 구체적으로 목표는 어떻게 적어야 하는가? 자기계발의 고전이라 불리는 나폴레온 힐의 《생각하라 그리고 부자가 되어라》에서는 열망을 현실로 바꾸는 구체적인 '6단계 방법'을 제시한다. 독자 여러분도 이 형식에 맞춰 문장을 작성해 보길 바란다.

> ① **달성하고 싶은 금액(또는 목표)을 명확히 정하라.**
>   (단순히 "부자가 되고 싶다"는 안 된다. "10억 원"처럼 구체적이어야 한다.)
> ② **그 목표를 위해 어떠한 대가를 치를지 정한다.**
>   (세상에 공짜는 없다. 시간, 노력, 즐거움 중 무엇을 대가로 지불할 것인가?)
> ③ **목표를 달성할 최종 기한을 정하라.**
>   (기한이 없는 목표는 영원히 '언젠가'에 머문다.)
> ④ **계획을 세우고 즉시 행동으로 옮겨라.**
>   (준비가 덜 되었어도 상관없다. 일단 움직이는 것이 핵심이다.)
> ⑤ **위의 4가지를 포함한 선언문을 종이에 상세히 적어라.**
> ⑥ **이 선언문을 매일 아침 저녁으로 두 번씩 소리 내어 읽어라.**

**위 6가지 단계에 따라 목표를 적고 매일 써보기를 바란다.**

목표를 종이에 적는 행위는 내가 가고싶은 목적지를 내비게이션에 입력하는 것과 같다. 목표를 적지 않은 채 열심히만 사는 것은 목적지도 모른 채 전력 질주하는 것과 같다. 에너지는 분산되고, 뇌는 무엇이 중요한지 몰라 방황한다. 하지만 잉크로 새겨진 문장은 뇌의 필터인 RAS를 깨우고, 시끄러운 세상의 소음 속에서도 나에게 필요한 기회만을 골라낸다. 2024년에 썼던 목표로 인해 베스트셀러 작가가 됐고, 2025년에 쓴 목표로 인해 20만 명의 영향력을 갖게 된 것은 결코 우연이 아니라고 생각한다. 내 뇌가 종이에 적힌 목표를 집요하게 추적하며 최적의 답을 찾아낸 결과다.

도저히 목표를 적기 어렵다면 휴대폰이나 PC 또는 자주 방문하는 사이트의 비밀번호로 설정하는 것도 좋다. 국민 명함 서비스 리멤버와 세금 환급서비스 삼쩜삼의 김범섭 대표님을 인터뷰 한 적이 있다. 그는 수많은 사업 실패를 경험하며 리멤버, 삼쩜삼과 같은 국민 서비스를 만들었다. 그가 활용했던 방법은, 원하는 것이 있을 때 그걸 비밀번호로 설정하는 것이다. 하나만 예를 들면 사업을 시작한 뒤 단순히 '일'이 아닌 '사업'을 하고 싶다는 생각에 모든 비밀번호에 '기업가'라는 키워드를 넣어 암호를 만들었다고 한다.

노트가 됐든 태블릿 PC가 되었든 어디에 적는지는 중요하지 않다. 나처럼 문장화를 하든, 김범섭 대표처럼 키워드만 쓰든 그것도 중요하지 않다. 중요한 건 내가 간절히 원하는 무언가를 하루도 빠짐없이 생각할 수 있도록 적거나 타이핑하는 시스템을 만드는 것이다. 매일, 매순간 생각하다 보면 불쑥 해답이 떠오를 것이고, 전에는 생각하지도 못했던 새로운 방식이 그려지기도 할 것이다.

# 8

# 하루 7시간의
# 담금질

평범한 노력은 평범한 인생을 만든다. 반대로 압도적인 노력은 기적을 만든다. 내가 군 생활을 하며 전역을 준비하던 시절 스스로 세운 원칙은 하나였다.

"최소 하루 7시간은 반드시 자기계발을 한다."

사람들은 늘 입에 "시간이 없다"는 말을 달고 살지만 내 생각은 다르다. **시간은, 나는 것이 아니라 내는 것이다.** 물리적으로 주어지는 24시간은 누구에게나 공평하지만, 그 시간을 어떻게 쪼개고 비틀어 '나의 시간'으로 만드느냐에 따라 인생의 밀도는 완전히 달라진다.

대장간에서 명검이 탄생하기 위해서는 뜨거운 불꽃 속에 쇠를 넣고 수천 번 두드리는 담금질이 필요하다. 쇠가 붉게 달아오를 때까지 기다렸다가 무겁게 내리치는 그 반복적인 과정이 쇠의 성질을 바꾼다. 인생도 마찬가지다. '미친 1년'을 보내기로 결단했다면 당신은 스스로를 뜨거운 용광로 속에 집어넣어야 한다. 적당한 온도로는 아무것도 변하지 않기 때문이다. 군생활을 하며 전역준비를 하던 나는 아래와 같이 시간을 쪼개 자기계발을 했다.

- 04:30~07:00 (아침 자기계발 2.5시간): 전역을 준비하는 기간 동안 단 하루도 빠지지 않고, 새벽 기상을 했다. 독서와 글쓰기를 하며, 출근 준비 전 시간을 보냈다.
- 07:30~08:00 (출근길 30분): 때로는 자전거를 타고, 때로는 차를 타고 출근했는데 늘 출발 전에는 오디오북을 틀었다. 오디오북을 듣는 출근길은, 그저 평범한 출근시간이 아니라 독서의 시간이자 창의적인 아이디어를 떠올리는 시간이 된다. 30분이라는 짧은 시간도 매일 쌓이면 1년에 180시간이 넘는 거대한 학습 시간이 된다.

- 12:00~13:00 (점심시간 1시간): 나는 군대의 상황실 개념인 지휘통제실에서 근무를 하다보니 교대 식사를 해야했고, 정말 빠르게 식사를 한다면 1시간 정도를 마련할 수 있었다. 다른 간부들은 휴식을 하거나 족구를 할 때, 나는 조용하게 몰입하는 시간을 가졌다.

- 17:30~18:00 (퇴근길 30분): 하루 일과로 지친 몸을 이끌고 돌아오는 길에도 오디오북은 멈추지 않았다.

- 19:00~21:30 (콘텐츠 제작 2.5시간): 집에 오자마자 저녁 식사를 마치고 바로 크리에이터로 변신했다. 당시 나는 신혼이었는데, 아내와 별다른 대화도 없이 밥만 먹고 후다닥 방으로 들어갔다. 지금 생각하면 아내한테 정말 미안하고 또 미안하다. 실제로 아내는 그 당시 외로웠다고 한다. 아침에 눈을 뜨면 옆에 내가 없고, 잠 드는 순간까지도 내가 없었기 때문이다. 하지만 그렇게 하지 않으면 안 되는 상황이었고, 아내에게는 미안하지만 시간을 되돌려도 그렇게 할 것이다. 평생 해주지 못해 미안할 바에. 일시적인 미안함을 선택할 것이다.

이 시간들을 모두 합하면 정확히 7시간이 된다. 사실 이 시간은 최소의 시간이었고, 평균적으로 밤 11시~12시, 때로는 새벽 1시까지 콘텐츠 공부와 제작을 하던 나는, 8~9시간 많게는 10시간까지 자기계발을 했다. 그렇게 9개월의 담금질을 통해 직업군인과는 전혀 무관했던 크리에이터로 거듭날 수 있었다.

나는 SNS 수업을 진행하며 팔로워 수 1만 명 이상의 크리에이터를 다수 배출했는데 이들을 가르치면서도 시간은 역시, 나는 게 아니라 내는 것이라는 걸 깨달았다. 똑같은 교육과 피드백을 해도 어떤 수강생들은 늘 시간이 없다는 핑계로 과제를 해오지 못한다. 그렇다보니 당연히 결과물을 만들어 내기가 힘들다. 반면에 어떤 수강생들은 어떻게 해서든 그 결과물을 가지고 온다. 단 한 달 만에 1만 팔로워를 돌파하며 놀라운 성과를 낸 수강생 중에는 **아이 셋을 키우는 엄마**도 있었다. 라이프주연이라는 인스타그램 채널을 운영하는 그녀의 일상은 24시간이 모자란 전쟁터와 같았지만, 극한의 환경 속에서도 매일 새벽에 일어나 나와 함께 공부하며 결과물을 만들어갔다.

우리는 흔히 어떤 분야의 전문가가 되기 위해 1만 시간이 필요하다고 말한다. 나는 전문가 혹은 준전문가까지는 아니더라도, 평범한 사람이 어떠한 분야에서 유의미한 성과를 맛볼 수 있기까지 필요한 시간은 대략 1,000시간이라고 생각한다. 나도 그랬고 내가 본 대부분의 사람들이 그랬다. 하루 7시간씩 몰입한다면? 약 5개월이면 충분하다. 반년도 채 되지 않아 성과를 맛보는 셈이다. 하루 3시간씩 꾸준히 한다면? 대략 1년이 걸린다.

이 책의 제목이 《딱 1년만 미쳐라》인 이유가 여기에 있다. 하루 3시간씩 만이라도 온전히 자신을 위해 시간을 내어 1년을 채우면, 당신은 반드시 성과를 맛보게 될 것이기 때문이다.

시간이 없어서 못 한다는 생각은 버려라. 당신이 낭비하고 있는 스마트폰 스크롤 시간, 의미 없는 술자리 시간, 목적 없이 TV 앞에 앉아 있는 시간, 그리고 자투리 시간들을 긁어 모은다면 '나에게 시간이 이렇게 많았었구나!' 하고 놀랄 것이다.

지금 당신의 시간은 어디로 흐르고 있는가? 새로운 도전의 첫 성과를 위한 1,000시간을 확보하라. 1,000시간의 담금질은 고통스럽지만 그 끝에서 당신은 그 무엇보다 날카로운 인생의 무기를 갖게 될 것이다.

**9**

# 리치파카의<br>시간 관리 기술

나는 이런 질문을 자주 받는다. "그 많은 일을 어떻게 다 해내세요?" 콘텐츠 크리에이터, 커뮤니티 운영자, 자기계발 제품 판매, 강의, 집필. 하루가 48시간쯤 되는 것 아니냐는 농담도 듣는다. 하지만 내게 주어진 시간도 똑같은 24시간이다. 차이가 있다면 몇 가지 시간 관리 스킬을 가지고 있다는 것이다.

첫 번째 스킬은 시간의 공백을 활용하는 것이다. 최근에 차량 타이어와 차량 엔진오일을 교체하러 갈 일이 있었다. 가기 전에 미리 전화를 했다. "시간이 어느 정도 걸리나요?" 사장님이 답했다. "한 시간 반 정도 걸립니다." 예전에 나는 이런 시간을 별 대수롭지 않게 여겼다. 기껏해야 한 시간 남짓한 시간에 뭐 그리 대단한 걸 하겠냐고 생각했다. 그저 '기다리는 시간' 정도로 여겼던 것 같다. 하지만 시간 관리를 시작한 이후로 모든 시간은 소중한 조각이 되었다. 시간을 소중한 조각이라고 생각하니 자투리 시간은 기다리는 시간이 아니라 활용할 시간으로 변해있었다. 굳이 타이어와 엔진오일을 교체하는 내내 쳐다볼 필요는 없지 않은가. 만약 그렇게 한다면 작업자 입장에서도 불편하고 껄끄러울 것이다. 나는 타이어와 엔진오일을 선택하고, 내가 고른 제품이 맞게 들어가는지 정도만 확인하면 된다.

그래서 나는 노트북과 아이패드를 챙겨갔다. 타이어 매장에 가서 계산이나 등록 등 할 수 있는 것들을 미리 끝내고, 타이어 매장 사무실의 빈 책상 위에 노트북을 펼쳤다. 간이 사무실이 만들어진 셈이다. 그 1시간 30분 동안 나는 하나의 챕터 원고를 완성했다. 이외에도 병원 대기 시간, 약속 전 15분, 대중교통 이동 시간 등 모든 시간은 나에게 소중한 조각이다. 물론 이 시간에도 다른 생산적인 것을 하며 시간을 보낸다. 이러한 공백을 모으다 보면 하루에 1시간은 쉽게 나온다. 출퇴근 시간만 잘 활용해도 그럴 것이다. 하루 1시간이면 한 달이면 30시간, 1년이면 365시간이다. 자투리 시간이 쌓이니 엄청나지 않은가.

두 번째 스킬은 시간 관리와 독서를 동시에 잡는 비법이다. 나는 수건을 개거나 집안일을 하기 전에 책을 잠깐 펼친다. 짧게는 30초에서 길면 1분 정도를 읽는다. 그리고 집안일을 하며 생각해보면 좋을 만한 한 문장을 찾는다. 가령 "에너지를 흩뿌리지 말고, 초점을 명확히 하라"라는 문장을 봤다고 가정하면, 집안일을 하며 "지금 내가 꼭 하지 않아도 되는 일은 무엇일까?", "내가 하는 일 중 가장 극대화 시켜야할 단 하나는 무엇일까?"와 같은 것들에 대해 고민하고 또 고민한다. 이렇게하면 집안일을 해서 1차로 뿌듯하고, 생산적인 생각을 해서 2차로 뿌듯하다. 그리고 이러한 생각을 많이 하다보면 문제해결능력도 좋아지게 된다. 왜 꼭 독서와 생각은 책상 앞에서만 해야 하는가.

세 번째 스킬은 오디오북 활용이다. 나는 연간 적게는 50권, 많게는 100권 이상의 책을 읽는다. 이렇게 많은 책을 읽을 수 있는 비결은 바로 오디오북이다. 오디오북을 활용하면 산책할 때, 운전할 때, 운동을 할 때, 이동을 할 때 등 언제, 어디서든 독서를 할 수 있다. 이제는 오디오북이 습관이 되었고 활자를 읽는 독서시간보다 오디오북을 듣는 시간이 더 많아졌다. 반려견 새이와 산책을 나갈 때면 우선 오디오북을 켜고 나갈 준비를 하고, 운전을 할 때는 내비게이션보다 오디오북을 먼저 켠다. 그렇게 쌓인 오디오북만 100권이 넘는다. 독서 플랫폼의 오디오북도 활용하고 때로는 유튜브 책요약 영상이나 강연을 듣기도 한다.

내가 좋아하는 책 중 하나인 《데일리 필로소피》의 저자 라이언 홀리데이Ryan Holiday는 하루의 상당 시간을 오디오북을 듣는데 사용한다고 했다. 그의 문체는 짧고 간결하면서도 힘이 있는데, 그 비결이 바로 끊임없이 듣는 오디오북과, 오디오북을 들으며 하는 메모이지 않을까 싶다.

네 번째 시간 관리 스킬은 타임박스를 활용하는 것이다. 타임박스는 시간 블록time-blocks이라고 불리는 시간 관리기법으로 일론 머스크Elon Musk가 하루를 이것으로 나누어 관리한다고 하여 유명해졌다. 머스크는 하루를 수 분 단위로 쪼개고, 각 블록마다 특정한 업무를 배정해 집중하는 '타임블로킹'기법을 활용한다. 이런 방식 덕분에 여러 회사를 동시에 운영하면서 높은 생산성을 유지할 수 있었다고 한다. 이걸 반영한 제품이 바로 타임박스이다. 나는 제품 제작자답게 이 또한 상품으로 만들어 판매하고 있는데, 플래너 다음으로 내가 많이 사용하는 제품 중 하나이다. 타임박스는 시간을 10분 단위로 쪼개놓은 박스표와 체크리스트 그리고 메모장으로 구성되어 있다. 타임박스를 활용할 때에는 가장 먼저 체크리스트에 할 일을 적는다. 다음으로는 그 리스트에 우선순위대로 넘버링을 한다. 이후 블록에 이 리스트를 배치하는데, 블록에 넣은 그 순간부터 그 일을 할 때에는 절대 다른 업무로부터 방해를 받아서는 안된다. 이렇게 할 일을 블록에 넣게 되면 다른 일들로부터 방해를 받지 않을 뿐더러 마감시간이 정해지므로 집중도 있게 일을 처리할 수 있다. 압박이 만드는 시간의 효율이라고도 할 수 있겠다.

나는 이러한 전략들로 나의 소중한 시간을 관리한다. 공백을 모으고, 틈새를 파고 들고, 이동시간을 활용하고, 타임박스를 활용한다. 이러한 시간 관리기법은 '전략'이다. 이 전략은 활용하면 활용할수록 스킬이 생겨 더 높은 효율을 만든다. 단언컨대 한두 달만 하더라도 시간의 지배자가 될 수 있다. 우리가 지금까지 말했던 "시간이 없다"는 진짜 시간이 없는게 아니라 전략이 없던 것이다. 시간은 누구에게나 공평하지만, 전략을 가진 사람에게만 유리하게 흘러간다.

# 10

# '적당히'라는
# 단어를 삭제하라

결단과 몰입에서 가장 큰 독약은 '적당히'라는 단어다. 많은 사람이 "이 정도면 됐지", "남들 하는 만큼은 했어"라며 스스로와 타협한다. 하지만 분명히 알아야 할 사실이 있다. **적당히 하는 것도 습관이라는 것이다.** 한 번 적당히 넘어가기 시작하면 그것은 뇌 회로에 깊게 각인되어 우리의 정체성이 된다. 결국 그 사람의 기준이 되는 것이다. 적당히 하는 습관이 몸에 밴 사람은 결정적인 기회가 왔을 때도 적당히 노력하다가 적당한 핑계를 대며 물러난다. 결국 '그저 그런 결과'만을 낳는 평범함의 굴레에 갇히고 마는 것이다.

군 생활을 하며 나는 순간의 최선이 얼마나 중요한지 배웠다. 소대장 시절, 내 부소대장이었던 김진배 중사는 내가 만난 사람 중 가장 기준이 높은 사람이었다. 다른 간부들은 일을 마치면 이렇게 말했다. "이 정도면 됐습니다." 그러나 김진배 중사는 그런 말을 하지 않았다. 그는 늘 자신에게 되물었다. "이게 최선인가?" 그리고 소대원들에게도 늘 같은 말을 반복했다. "적당히란 없어" 솔직히 말하면, 함께 일하는 입장에서 부담스럽기도 했다. 소대원들이 그를 무서워했기 때문이다. 하지만 그에게는 강점이 있었다. 누군가에게만 완벽을 기대하는 것이 아니라 스스로도 완벽에 가까울 정도로 노력한다는 점, 그리고 그 기준이 충족되면 부하들을 그 어떤 소대보다 편히 쉬게 해준다는 점이었다. 그래서 소대원들은 그를 무서워하기도 했지만 존경했다. 나 또한 부소대장의 그러한 모습이 든든하기도 했고 귀감을 얻기도 했다.

그의 완벽함은 훈련할 때에도 발휘되었다. 훈련 할 때 먹는 것, 입는 것, 자는 것은 기본이고 소대원들을 위한 것들이라면 아주 사소한 것까지 챙겼다. 뿐만 아니라, 실제 훈련을 할 때에도 무언가를 지시하면 구현 수준이 달랐다. 당연히 성과도 가장 빨리 냈다. 그 덕에 우리 소대는 가장 강도 높게 훈련을 했지만,

가장 편하게 쉬기도 했다. 그는 훈련이 끝나면 늘 자신의 집에, 나와 분대장 넷 총 다섯명을 초대했다. 그리고 마당에서 삼겹살을 구워주며 소대원들에게 강도 높게 지시한 것에 대한 이유를 설명했다. 긴장을 늦추면 부상이 나올 수밖에 없고, 장갑차를 타고 다니며 큰 장비를 다루던 우리부대 특성상 그럴 수밖에 없었다고 양해를 구하는 따뜻한 모습을 보여주기도 했다. 그 덕에 우리 소대는 그 어떤 소대보다 끈끈했고, 그 끈끈함 덕에 10년이 지난 지금도 분대장들과 연락을 주고 받는다.

부하였지만 배울 점이 많았던 부소대장 덕에, 나 또한 '순간의 최선'을 중요시하게 되었다. 시간이 흘러 나도 중대장이 되어 훨씬 더 많은 병력을 지휘하게 되었고, 지뢰제거라는 특수한 임무를 맡게되어 위험도도 올라갔다. 나는 지뢰제거작전을 할 때나, 다른 임무를 할 때에도 부하들에게 늘 완벽을 요구했다. 그리고 나도 임무를 할 때만큼은 완벽하려고 노력했다. 그리고 그에 대한 보상은 확실히 줬다. 쉴 수 있을 때에는 충분히 쉬도록, 아니 어떻게 하면 더 편히, 재미있게 쉬게 해줄 수 있을까를 고민했고, 내가 야근을 하는 한이 있더라도 중대 간부들의 칼퇴근은 늘 보장했다.

나는 군생활을 하며 순간의 최선이 얼마나 큰 힘을 갖는지를 깨달았다. 순간의 최선은 당시의 성과를 만드는 것뿐만 아니라, 삶의 태도를 만들어주는 값진 교훈이었다. 그래서 나는 중대원들에게 늘 군대에서 가장 크게 배울점 중 하나는 순간순간 최선을 다하는 태도이자 '군인정신'이라고 말을 했다. 너희가 이곳에서 대충대충 또는 적당히 하는 태도를 가지면, 군생활 할 당시는 '편했다'라고 느낄 수 있지만, 이는 분명 전역을 하고도 삶의 태도로 뿌리 깊게 자리 잡힐 것이라고 했다. 감사하게도 내 의도가 전해졌는지, 혹은 그들이 자체적인 깨우침을 얻었는지는 모르겠지만 우리 간부들, 중대원들은 모두가 순간순간에 최선을 다했다.

전역을 한 지금, 시간을 되돌아봐도 내가 8년간의 군 생활을 통해 얻은 가장 큰 자산은, 매순간 최선을 다하는 태도이자, '군인정신'이다. 군인정신은 '죽음을 무릅쓰고 책임을 완수하는 정신'이다. 적당히라는 단어와는 절대 타협하지 않는다. 이 정신은 사업이든, 공부든, 콘텐츠든 그 어떠한 곳에서도 적용된다. 그리고 군인정신을 가지고 임하면, 불가능할 것 같은 일들도 충분히 가능해진다. 사실 요즘도 힘들거나 체력에 부치는 일이 있을 때는 군인정신을 떠올린다. 어떻게 해서든 맡은 바를 완수하려는 정신. 그 정신을 떠올리면 정신이 바짝 차려지고, 다시 한 번 힘이 난다.

꼭 군인정신을 갖지 않더라도 몰입의 시기에 있어서만큼은 적당히라는 단어를 삭제하라. 운동을 하는 독자라면, 어떻게 해서든 한 번 더 연습하고, 공부를 하는 독자라면 어떻게 해서든 집중의 끈을 놓지마라. 나와 같이 자신만의 일을 하는 사람이라면, 어떻게 해서든 주어진 프로젝트를 완벽에 가깝게 해내라.

이러한 태도는 결국 차이를 만들 것이고, 당신은 그 차이로 인해 어디서든 도드라지는 사람, 절대 대체할 수 없는 사람이 될 것이다.


명심하자.
성공은 '적당히'를 지우는 순간부터 시작된다.

# PART 4

# 탈피

## : 완전히 다른 존재로 거듭나라

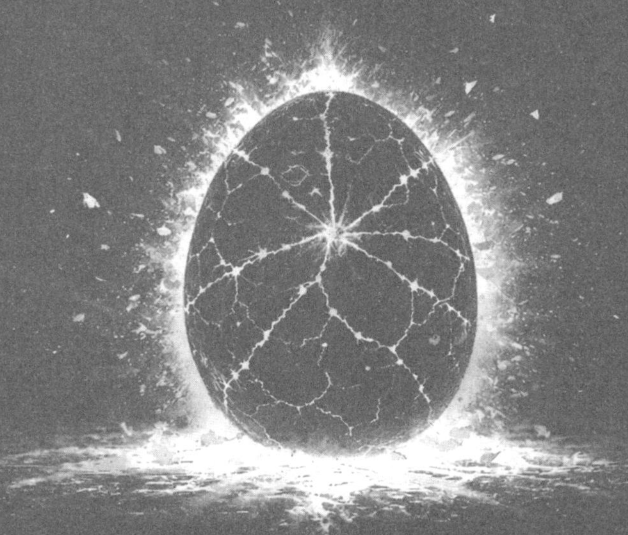

# 脫皮
## 탈피

脫 **벗을 탈** : 벗어나다, 떼어내다
皮 **가죽 피** : 껍질, 겉모습

껍질을 벗어내고 새롭게 태어나
이전의 상태로 다시 돌아갈 수 없게 되는 일

* * *

먼저 마지막 4장을 시작하기에 앞서 여기까지 읽은 독자분들에게 박수를 보낸다. 사람은 변화를 위해 무언가를 선택하지만, 이를 끝까지 해내는 사람은 극소수이다. 이 책을 집어든 독자들도 마찬가지일 것이다. 처음에는 변해보겠다는 생각으로 이 책을 집어들었겠지만 그중 절반은 책을 집에 모셔두기만 하고 남은 절반의 절반은 읽다가 중도 포기했을 가능성이 높다. 이 글을 마주한 독자들은 각성, 결단, 몰입을 넘어 탈피 파트까지 왔다. 박수와 동시에 부디 마지막 장까지 마음에 곱씹으며 진정 새롭게 태어나는 기분을 느껴보길 바란다.

각성은 깨는 일이었다. 결단은 끊는 일이었다. 몰입은 계속하는 일이었다. 탈피는 껍질을 벗어내고 새롭게 태어나 이전의 상태로 다시 돌아갈 수 없게 되는 일이다. 이전의 상태로 돌아가지 못하는 건 부정의 의미가 아니다. 낡았던 사고방식, 게을렀던 습관, 비겁했던 생각을 끊어내고 더 나은 상태로 도약했다는 긍정의 의미이다.

탈피한 나에게는 새로운 세상이 기다리고 있다. 그 세상은 지금보다 더 부유한 세상이다. 단지 통장 잔고만 늘어나는 부유함이 아니다. 돈, 관계, 마음, 건강, 삶의 태도까지 함께 성장하는 부유함이다. 탈피한 사람은 더 이상 감정에 휘둘리지 않는다. 오늘 기분이 조금 꺾였다고 해서 인생까지 꺾이지 않는다. 피곤하다고 해서 꿈을 접지 않는다. 불안하다고 해서 포기하지 않는다. 그 전에는 마음이 행동을 좌우했다면 이제는 행동이 마음을 끌고 간다. 내면이 단단해진다는 건 바로 이런 것이다.

탈피한 이후에는 많은 것이 달라진다. 먼저 돈이 따라온다. 모든 면에서 나아졌을 것이고, 이는 달리 말하면 타인과 세상에 기여하는 가치가 커졌다는 것이다. 경험해본 사람은 알겠지만 가치가 커지면 따라오는 돈도 커진다.

또한 하루가 바뀔 것이다. 아침이 바뀌고, 루틴이 바뀌고, 말이 바뀌고, 표정이 바뀐다. 특히 가장 먼저 달라지는 건 시간을 쓰는 방식이다. 무의미한 대화, 아무 생각 없는 소비, 감정 배설 같은 것들이 하나씩 인생에서 사라진다. 이제부터는 사소한 것에 연연해하지 않고 큰 뜻을 품고 살아가게 된다.

자연스레 인간관계도 달라진다. 탈피한 사람은 외로워지는 게 아니라, 관계가 재정립된다. 나를 깎아내리는 사람과 멀어지고, 나를 키워주는 사람과 가까워진다. 그리고 시간이 더 지나면 어느새 당신을 무시하던 사람은 조용해지고, 당신을 응원하는 사람이 늘어날 것이다. 사람들은 결국 '에너지'를 보기 때문이다. 탈피한 사람에게는 특유의 분위기가 생긴다. 눈빛은 확신에 차있고 말투에 힘이 생기며 자세가 올바르게 변한다. 그 힘을 보고 세상이 나를 응원하는 것이다.

마인드도 완전히 달라진다. 탈피하기 전에는 "안 되면 어떡하지?"하는 걱정과 다양한 핑계가 먼저 떠올랐다면, 탈피한 후에는 "되게 만들면 되지"라며 자신감이 생기고, 할 방법이 먼저 떠오른다. 그리고 이 차이는 우리의 인생을 완전히 뒤바꾼다. 이 생각 하나가 당신을 월급쟁이 마인드에서 사업가 마인드로, 소비자의 세계에서 생산자의 세계로 옮겨놓는다. 그리고 더 이상 남을 부러워하지 않게 된다. **왜냐하면 내가 이 세상의 중심이자 주인공이기 때문이다.**

끝으로 이번 장에서는 탈피할 독자들을 위한 응원과 동시에 그들이 더욱 고공행진을 할 수 있도록 조언해주고 싶었다. 더 많은 기회를 만나고 더 풍요로워지기를 바라며 내가 깨달았던 것들은 물론 내가 들었던 조언들까지 아낌없이 공유하려 한다. 다행히 나는 부의 추월차선에 올라탄 많은 부자, 사업가들을 만났다. 빌딩 4채와 호텔을 소유하고 있는 2,000억 자산가, 운영하는 사업의 서비스 환급액이 3조 원이 넘는 사업가는 물론, 자기 분야에서 성공한 여러 사람, 작가들을 만났다. 더 다행인 것은 그들과의 만남에서 나왔던 대화들을 모두 기록해두었다는 것이다. 그리고 이번 챕터에 그 인사이트들을 모두 공유하려 한다.

이 기록들은 글로 재정리하는 나에게도, 이 책을 끝까지 읽어준 독자들에게도 분명 큰 도움이 될 것이다. 그럼 마지막 파트 '탈피'를 시작하자.

# 1

# 낙타에서 사자,
# 사자에서 어린아이로

몰입의 긴 터널을 빠져나온 사람이 마주하는 풍경은 이전과는 완전히 다르다. 1년이라는 시간 동안 자신을 극한까지 밀어붙인 끝에 얻는 결실은, 단순히 통장 잔고의 숫자나 달라진 환경이 아니다. 변화의 핵심은 **이전의 나로서는 감히 상상조차 할 수 없던 '완전히 새로운 나'와의 만남이다.** 그 어떤 물질적 보상보다 **'변해버린 나 자신' 그 자체로 명품이 되었다는 것**이 가장 큰 변화이다.

많은 이들이 명품 가방이나 시계로 자신을 치장하며 자신의 가치를 증명하려 애쓴다. 하지만 그것은 어디까지나 외부에서 빌려온 가짜 광채일 뿐이다. 진정한 명품은 로고가 아니라 그 사람의 '눈빛'과 '말투', 그리고 '아우라'에서 결정된다. 결단의 과정을 통해 1년간 몰입해 본 사람은 눈에서 빛이 난다. 언제나 배움의 자세를 겸비하고, 눈빛이 초롱초롱하다. 말투는 당당하며 자기 확신에 차 있다. 극한의 노력을 통해 진짜 노력의 가치를 알았기에 겸손해진다. 동시에 남을 깎아내리지 않는다. 진짜 노력해본 사람은 절대 다른 사람의 노력을 폄하할 수 없다. 노력이 얼마나 힘들고 고귀한 것임을 알기 때문이다. 그렇기에 친절하지만 누구도 쉽게 건드릴 수 없는 위엄을 갖게 될 것이며, 나만이 낼 수 있는 진득한 향을 내게 될 것이다.

헤르만 헤세의 소설 《데미안》에는 다음과 같은 문장이 나온다.

"새는 알을 깨고 나오려고 투쟁한다. 알은 세계다.
태어나려는 자는 하나의 세계를 파괴해야 한다."

1년의 몰입은 나를 둘러싸고 있던 견고한 알, 즉 '평범함'이라는 세계를 파괴하는 과정이었다. 알 속은 안전하고 따뜻하다. "남들처럼만 살면 되지", "이 정도면 충분해"라는 안일함은 우리를 보호해주는 것 같지만, 실상은 성장을 가로막는 감옥이다. 그 안락함에 안주하는 순간 당신의 날개는 퇴화되어 결국 날 수 없게 된다. 지난 1년 동안 나는 과거의 나태했던 습관, 불필요한 인간관계, 나를 무시하고 의심하던 시선을 내 손으로 직접 파괴한 사람이 되었다. **명심하자. 낡은 세계를 부수지 않고서는 새로운 세계를 만날 수 없는 법이다.**

프리드리히 니체는 《차라투스트라는 이렇게 말했다》에서 인간 정신의 위대한 진화를 세 단계로 설명했다.

첫 번째는 **낙타의 단계**다. "해야 한다"라는 사회의 명령에 복종하며, 무거운 짐을 지고 사막을 걷는 단계다. 낙타는 자신에게 주어진 일만 하고, 정해진 것에 만족하며, 타인의 시선과 사회의 기준이라는 무거운 짐을 지고도, 그것이 당연한 줄 안다.

두 번째는 **사자의 단계**다. "나는 하고자 한다"라고 외치며 자유를 쟁취하는 단계다. 기존의 낡은 가치를 부정하고, 스스로 삶의 주인임을 선포하는 투쟁의 과정이다. 무언가를 결심하고 몰입의 시간을 보냈던 그 1년이 바로, 사자로 변모하는 시기이다. 사자는 타인이 정한 규칙에 "아니오"라고 말할 줄 알며, 자신의 영토를 스스로 개척한다.

마지막은 **어린아이의 단계**다. 삶을 유희로 즐기며 새로운 가치를 끊임없이 창조하는 단계다. 몰입의 끝에서 만난 나는 더 이상 누군가에게 길을 묻지 않는 사자가 되었고, 이제는 나만의 새로운 세계를 그려나가는 아이의 심장을 갖게 되었다. 한 번 사자의 눈으로 세상을 본 사람은 다시는 낙타의 짐을 지고 사막을 헤매지 않는다. **자유의 맛을 본 영혼은 결코 복종의 시대로 회귀할 수 없기 때문이다.**

과연 당신은 니체가 말한 진화의 단계 중 어느 단계의 삶을 살고 있는가. 이 질문은 직업의 문제도, 직급의 문제도 아니다. 연봉의 크기나 직함의 무게와도 아무런 상관이 없다. 직장에서 나에게 주어진 일을 하고 있다고 해서 반드시 낙타의 삶을 사는 것도 아니다.

같은 직장인이라도 다르다. 상사의 지시가 떨어질 때마다 "왜 나만 이런 일을 해야 하지?"라고 투덜거리면서도 결국 아무 생각 없이 수행한다면, 그는 낙타다. 해야 한다는 이유만으로, 남들도 다 그렇게 산다는 이유만으로 묵묵히 짐을 지고 사막을 건너는 삶이다. 스스로 선택했다고 말하지만, 실은 선택하지 못한 채 끌려가고 있는 상태다.

반면 같은 직장에서 일하면서도 "이 일을 더 잘할 방법은 없을까?", "우리 팀의 구조를 바꿀 수는 없을까?"라고 묻는 사람은 사자에 가깝다. 그는 단순히 일을 처리하지 않는다. 기존의 방식을 의심하고, 더 나은 방향을 찾으려 한다. 회사라는 틀 안에 있지만 정신만큼은 복종하지 않는다.

그리고 어린아이의 단계는 전혀 다르다. 그는 직장을 단순히 생계를 위한 공간으로 보지 않는다. 자신의 실험실로 삼는다. 프로젝트를 놀이처럼 다루고, 실패를 데이터로 수집한다. 누가 시켜서가 아니라 재미있어서 개선한다. 성과를 내는 이유도 인정받기 위해서가 아니라 스스로의 가능성을 확장하기 위해서다. 그는 이미 자유로운 사람이다.

주부도 마찬가지다. "아이를 위해 어쩔 수 없이 희생해야지"라고 생각하며 하루를 버티는 삶은 낙타의 삶이다. 하지만 "이 시간을 어떻게 더 의미 있게 보내며 쓸 수 있을까?"라고 고민하며 새로운 방법을 찾는 순간 사자의 단계로 들어선다. 나아가 일상의 불편함을 창조로 바꾸거나, 새로운 생각으로 무언가를 만들어낸다면 그건 어린아이의 단계이다.

'코니'라는 이름으로 유명한 아기띠 브랜드 '코니바이에린'의 임이랑 대표 인터뷰를 본 적이 있다. 그녀는 기존 슬링 아기띠의 불안정함과 불편함을 그냥 넘기지 않았다. "왜 더 편한 제품은 없을까?" 많은 사람들이 그냥 참고 쓰던 문제에 그녀는 질문을 던졌다. 그리고 그 질문은 결국 창업으로 이어졌다. 입기만 하면 되는 일체형 아기띠. 그 단순한 혁신은 입소문을 타기 시작했고, 3년 만에 매출 100억 원, 7년 만에 500억 원. 이제는 글로벌 시장에서 1,000억 원을 바라보는 기업이 되었다. 그녀의 사업은 거창한 아이디어에서 시작한 것이 아니었다. 육아라는 일상에서 '불편함을 당연하게 받아들이지 않은 것'이 시작이었다. 질문 하나가 기업을 만든 셈이다.

우리는 늘 선택의 기로에 선다. 낙타처럼 묵묵히 짐을 지고 갈 것인가. 사자처럼 "아니오"라고 외칠 것인가. 낙타는 안전하다. 하지만 사막을 벗어나지 못한다. 사자는 자유롭다. 대신 끊임없이 질문하고 싸워야 한다. 그리고 아이의 단계에 이르면 싸움조차 놀이가 된다. 더 이상 낙타로만 살지 말자. 한 번쯤은 사자가 되어보자. 그리고 언젠가는, 세상을 놀이터처럼 다루는 아이가 되어보자.

2

# 주변 사람의 중요성

당신에게는 이제 그에 걸맞은 새로운 세계, 그리고 무엇보다 새로운 사람들이 기다리고 있다. 탈피 이전의 당신이 평범한 무리 속에서 홀로 깨어 있는 '별종'이나 '유난스러운 사람' 취급을 받았다면, 이제는 그렇지 않다. 당신이 나아가고자 하는 방향으로 이미 발을 내디딘 사람들 사이에서 당신은 비로소 '정상'이 된다.

사자로 진화했다면 더 이상 양 떼의 무리 속에서 평온을 찾으려 해서는 안 된다. 사자의 포효를 이해하고, 함께 사냥에 나설 동료를 찾아야 한다.

인간의 의지는 생각보다 강하지 않다. 결단은 강력하지만 환경의 중력은 그보다 더 강하다. 매일 만나는 사람들이 "그 정도면 충분하지", "굳이 그렇게까지?"라는 말을 반복하면, 당신의 몰입은 서서히 식어간다. 사회심리학에서는 이를 '동조 효과'라고 부른다. 사람은 다수의 의견과 행동에 맞추려는 경향이 있다. 심지어 그것이 틀렸다는 걸 알면서도 집단의 기준을 따르는 쪽을 선택한다.

그러니 결단만으로는 부족하다. 결단 이후에는 환경을 갈아엎어야 한다. 자기계발 분야의 구루 짐 론Jim Rohn은 이렇게 말했다.

"당신은 가장 많은 시간을
함께 보내는 다섯 사람의 평균이다."

이 문장은 단순한 동기부여 문장이 아니다. 거의 법칙에 가깝다. 당신의 사고방식, 언어 습관, 소비 수준, 목표 크기, 심지어는 수입까지도 당신이 가장 자주 마주하는 다섯 사람의 평균치로 수렴된다. 닭장 안에서 독수리가 되겠다고 날갯짓하는 것은 어리석은 일이다. 독수리가 되고 싶다면 닭장을 떠나야 한다. 날개가 다칠까 두려워 창공을 피한다면, 당신은 평생 낮은 지붕 아래서만 살게 된다. 중요한 것은 '인맥 넓히기'가 아니다. 당신과 결이 맞는 사람, 지향점이 같은 사람, 그리고 무엇보다 이미 결단을 내리고 몰입하고 있는 사람을 곁에 두는 것이다.

2022년, 전역을 앞두고 있던 나는 SNS를 통해 몇몇 크리에이터들과 교류하고 있었다. 어느 날 서울의 한 카페에서 그들을 처음 만났다. 그때 우리 중 누구도 대단한 사람이 아니었다. 평범한 직장인, 학생, 막 시작한 SNS 초보자였다. 팔로워 1만도 채 안 되는 사람들이었다. 하지만 우리의 공통점이 하나 있었다. 모두가 두 번째 인생을 꿈꾸고 있었다는 것이다. 인플루언서가 되고 싶다. 사업을 하고 싶다. 책을 쓰고 싶다 등 저마다의 꿈이 있었다. 그때의 우리는 결과는 없었지만 열망은 뜨거웠다. 우리는 앞으로도 한두 달에 한 번씩 만나기로 했다. 그리고 만날 때마다 각자 다음 목표를 선포하고, 다음 모임까지 반드시 성과를 가져오자고 약속했다.

그러자 이상한 일이 벌어졌다. 한 달 뒤에 만날 때 모두가 조금씩 달라져 있었다. 누군가는 높은 조회수와 함께 기업과의 협업을 제안 받았고, 누군가는 출간 제안을 받았으며, 누군가는 새로운 사업 아이템을 런칭했다. 그렇게 우리는 매월 작은 성과들을 쌓으며 서로를 응원해줬다. 시간이 흘러 어느새 누군가는, 10만 명이 넘는 구독자와 함께 하는 유튜버가 되었고, 누군가는 연 매출 수백억 원의 사업가가 되어 있었다. 나 또한 당시에는 팔로워 1만 명 남짓의 채널이 전부였지만, 지금은 크리에이터 생활뿐만 아니라 브랜드 대표이자 콘텐츠 사업을 하는 사람이 되어 있었다.

지금은 각자의 영역에서 바쁘게 살아가느라 예전처럼 자주 모이지는 못한다. 하지만 그때 뜨거운 마음을 가지고 매월 모여 서로를 응원했던 것, 경험한 바를 정리해서 공유해주며 서로의 성장을 도왔던 것, 무엇보다 만남을 통해 얻는 자극들이 우리를 지금의 궤도로 올려주었다. 단언컨대 혼자였다면 절대 지금의 모습은 없었을 것이다.

재미있는 것은 내가 조금씩 성과를 내기 시작하자 자연스럽게 만나는 사람의 결이 바뀌었다는 점이다. 지금 가장 친한 그룹 중 하나는 부부동반 모임이다. 우리 부부, 수백억 원의 매출을 내고 성수동 건물주가 된 사업가 친구의 부부, 그리고 대한민국 최고 로펌 김앤장 소속 변리사 친구 부부, 이렇게 총 세 부부다. 예전의 나는, 이런 사람들과 어깨를 나란히 할 수 있을 거라 상상조차 못 했다. 그저 뉴스에서 보던 사람들의 세계라고 생각했다.

하지만 하나 하나 올라서다 보니, 어느 순간 그들과 같은 테이블에 앉아 있었다. 함께 펜션에 놀러가 휴식을 하기도 하고, 제주도로 휴가를 떠나 밤늦도록 대화를 나누기도 한다. 이 만남이 더 좋은 점은 단순 휴식, 친목 모임이라기보다는 자연스럽게 서로의 성장에 도움을 준다는 것이다. 그들과의 대화는 다르다. "어떻게 더 성장할 것인가", "다음 5년은 어디를 보고 있는가", "지금 이 기회를 어떻게 확장할 것인가" 같은 질문들이 자연스럽게 오간다.

이들과 어울리면 두 가지 감정이 동시에 든다. 나는 아직 멀었다는 겸손함. 그리고 저 자리까지 반드시 가겠다는 뜨거운 결심. 그 감정이 나에게 동력을 주고, 그 동력은 나를 더 높은 곳으로 끌어올린다.

나는, 나보다 앞선 사람들을 만나기 위해 인터뷰를 요청하기도 한다. 특정 분야에서 탁월한 성과를 낸 사람이라면 분명 배울 점이 있기 때문이다. 그들의 스토리를 들으며 감동을 받기도 하고, 그들이 난관을 극복해낸 이야기를 들으며 영감을 얻기도 한다. 무엇보다 그들과 안면을 트고 친구가 된다는 게 가장 큰 수확이지 않을까 싶다.

물론 얻어가는 것만 하지는 않는다. 그들에게도 배우는 것이 있다면, 반드시 나도 무언가를 주어야 한다. 나는 그들의 사업이나 책을 내 SNS를 통해 알리고, 커뮤니티를 통해 홍보한다. 그들의 사업과 책을 세상에 알릴 수 있는 통로가 되어주는 대신 나는 그들의 사고방식과 전략을 배우는 것이다. 시너지를 내는 상호 교환이라고 볼 수도 있겠다.

내가 이들을 직접 만나는 이유는 간접 체험과 직접 만나 대화하는 것은 완전히 다른 차원의 경험이기 때문이다. 실제로 나보다 훨씬 앞서 있는 사업가들과 대화를 나누면 사고의 크기부터 다르다는 걸 느낀다. 압도감이 들 정도이다. 내가 당장의 매출과 숫자를 고민하고 있다면, 그들은 구조를 고민한다. 나는 전략을 고민하는데 그들은 판 자체를 고민하는 것이다. 그 때마다 머리를 망치로 한 대 맞은 듯한 느낌이 들지만 나는 이 행위를 사랑하고 즐긴다.

미국의 작가 찰리 존스Charlie Jones는 **"훌륭한 사람을 만나지 않고, 좋은 책을 읽지 않는다면, 당신은 5년 후에도 지금 그 모습 그대로일 것이다."**라고 말했다. 주변 사람들은 당신의 미래를 비추는 '거울'이기 때문이다. 그렇기에 위로 올라가겠다고 마음을 먹었다면 어떻게 해서든 위에 있는 사람, 먼저 나아간 사람과 접촉

해야 한다. 다소 냉정한 이야기일 수도 있지만, 아직 해보지 않은 사람들끼리 모여 100시간을 토론하는 것보다 이미 해본 사람에게 1시간의 조언을 듣는 편이 성과적인 측면에서는 훨씬 큰 도움이 된다. 내가 만날 수 있는 선에서 가장 앞서나가는 사람과의 시간을 어떻게 해서든 마련하기 위해 노력해야 하며, 이를 위해 자신을 부단히 성장시켜야 한다.

"주변을 바꿔라."라는 말은 최고의 성장 전략이다. 앞서 말했듯 환경이 당신을 끌어내리거나 밀어 올리기 때문이다. 내가 열심히 살고 성과를 내는 삶을 살면 결국 주변에도 그런 사람들이 모이게 된다. 그리고 그 사람들은 다시 당신을 끌어올려 준다. 인생은 혼자 달리는 레이스가 아니다. 함께 가는 레이스다. 부디, 함께 속도를 내는 집단 속에 들어가기를 바란다. 내가 바뀌면 주변이 바뀌고, 주변이 바뀌면 내가 바뀐다. 당신의 꿈을 "현실적이지 않다"고 깎아내리는 사람들과는 과감히 작별하라. 대신, **당신의 꿈을 "어떻게 하면 더 빨리 이룰 수 있을까"라고 함께 고민해주는 사람들을 곁에 두어라.**

# 3

# 돈을 쫓지 말고
# 돈이 나를 따르게 하라

부자가 되겠다는 결심을 한 뒤 내가 했던 행동은 '돈' 그 자체를 쫓아다닌 것이었다. 숫자에 집착했고 어떻게 하면 더 빨리 통장 잔고를 불릴 수 있을지만 고민했다. 예전보다 많은 돈을 벌긴 했지만 다음이 보이지 않았다. 그저 적당히 돈 잘 버는 프리랜서 정도로만 머무를 것 같았다.

그러나 많은 부자, 사업가들을 만나며 조금씩 그 다음이 보이기 시작했다. 그들을 통해 깨달은 건 진짜 부(富)는 내가 쫓아가는 것이 아니라, 내가 만들어낸 '가치'에 따라 자연스레 나에게 흘러 들어온다는 것이다. 한 문장으로 정의하면 그들은 공통적으로 "돈을 쫓지 말고, 돈이 따라오게 하라"라고 말하고 있었다.

강남 도곡동에 사무실을 얻었을 때의 일이다. 월세 계약을 하러 갔는데 웬 멋쟁이 할아버지가 오셨다. 나이는 7-80대 정도 되어보이셨는데 자주빛 세미정장을 입고 계셨다. 속으로 "와 멋쟁이시다"라고 생각했다. 그 할아버지는 내가 얻는 사무실의 건물주셨다. 그야말로 부자 할아버지였다. 계약서를 쓸 때 나는 한 번 더 놀랐다. 할아버지 연세가 92세이신 게 아닌가. 어쩜 이렇게 정정하실 수 있을까라며 놀랐고, 재작년까지는 테니스를 치셨다고 해서 또 다시 놀랐다(거짓말이 아니다. 유튜브에 '90세에 테니스 고수가 된 이야기'라고 검색하면 50대에 부동산 온라인 사업을 시작한 건물주 김상헌 할아버지의 영상이 나온다.) 할아버지는 내가 입주하는 도곡동 건물 뿐만 아니라, 강남에 건물을 여러 채 가지고 계신 부자 중에 부자였다. 알고 보니 할아버지는 원룸클럽, 공실클럽이라는 온라인 부동산 플랫폼을 창업 후 매각하셔서 부자가 된 케이스였다.

나는 할아버지에게 "저는 '부자'관련 키워드를 기반으로 콘텐츠를 만드는데 시간이 되면 한 번 찾아뵈어도 될까요?"라고 말했다. 할아버지는 흔쾌히 허락해주셨고, 나는 한 달 뒤 실제로 할아버지를 찾아갔다. 나는 물었다. "어떻게 하면 부자가 될 수 있나요?" 할아버지는 1초의 망설임도 없이 말씀하셨다. "돈을 쫓아가지 말고, 돈이 나를 따라오게 해야 돼. 내가 돈을 쫓아다니면 돈이 다 도망 가"라고 말이다.

할아버지는 처음에는 본인 사무실에서 필요했기에 부동산 프로그램을 만들었는데, 만들다 보니 본인 뿐만 아니라 중개업자들에게도 필요하다고 생각해서 그들도 쓰게 해줬다고 한다. 할아버지가 만든 부동산 중개 플랫폼 덕에 공인중개사들도 더 많은 돈을 벌고, 건물주들도 더 많은 돈을 벌게 되었다고 한다. 공실로 머무르면 월세를 받지 못하지만 계약이 빠르게 되면 될수록 건물주도, 중개사도 돈을 벌기 때문이다. 그리고 그 사람들이 돈을 벌게 되자 입소문이 나고 자연스레 할아버지 사업도 더 잘 되었다고 했다. 이 대목에서 할아버지는 이런 말씀을 하셨다. "내가 벌려고 하면 누가 돈을 갖다줘요. 그분들 먼저 돈을 벌게 해줘야 나에게 돈이 따라오지" 이 말에는 부의 원리가 담겨있다. 돈을 벌려면 먼저, 세상이나 타인에게 가치를 주어 돈이 자연스럽게 따라오게 해야 한다는 말이다.

뿐만 아니라 할아버지는 일류 세무사를 불러 주변 건물주들에게 증여세, 상속세, 양도소득세 관련 강의를 해주었고, 다른 전문가들도 불러 건물주들에게 필요한 교육을 계속 해주었다고 한다. 무려 5년 간 말이다. 그리고 그 과정에서 돈은 받지 않으셨다고 한다. 여기서 한 번 물어보자. 이렇게까지 해주는데 당신이 만약 건물주라면 내 건물이나 임대 매물을 할아버지 플랫폼에 내놓겠는가, 아니면 다른 경쟁사에 내놓겠는가. 당연히 강남 건물주들은 할아버지 플랫폼에만 건물을 내놓았고 그 결과 경쟁사들을 모두 이기고 성공할 수 있었다고 한다. 할아버지는 **당장의 돈을 쫓는 대신, '신뢰'와 '해결책'이라는 가치를 먼저 주었고, 돈은 그 신뢰를 타고 거대한 강물처럼 할아버지에게로 흘러왔다.**

최근 내가 인터뷰했던 2,000억 자산가이자, 빌딩 4채와 호텔을 소유하고 계신 한국호텔관광전문학교 육광심 대표님의 철학 또한 부자 할아버지와 일맥상통하다. 대표님 또한 돈을 쫓아가면 안되고 돈이 자연스럽게 따라와야 한다는 말씀을 하셨다. 이를 위해 '명확한 사업목적'을 가지고 나아가야 한다고 했다. 육광심 대표님은 건물을 매입해 학교로 활용하고, 호텔을 매입해 학생들 교육의 장이자 기숙사로 활용을 하고 있다. 그는 늘 "어떻게 하면 학생들이 더 잘 될까?"를 끊임없이 고민한다. 그 결과 1989년 작은 요리 학원으로 시작한 것이 이렇게 큰 호텔 학교로 성장한 것이다. 어떻게 부자가 되었느냐는 나의 질문에 그는 이렇게 답했다.

> "저는 결국 교육 사업을 하는 사람입니다. 교육이라는 본질이 있고, 그 가치를 높이기 위해 건물도 필요하고 호텔도 필요한 것이지, 교육을 빼 버린 부는 나에게 아무 의미가 없습니다."

즉 그는 애초에 돈을 쫓았던 사람이 아니다. '교육 사업'을 더 잘하기 위해, 학생들을 더 성공시키기 위해 했던 고민과 노력들이 그를 부유하게 만든 것이었다.

명심하라. 가치의 크기가 곧 부의 크기이다.

당신이 만약 크리에이터라면 "어떻게 하면 1,000만 원을 벌까?"가 아니라 "어떻게 하면 더 많은 사람에게 영향력을 전할까?"라고 물어야 한다. 자영업자나 사업가라면 "어떻게 매출을 늘릴까?"가 아니라 "고객의 문제와 불편함을 어떻게 하면 더 잘 해결할 수 있을까?", "어떻게 고객의 만족을 최대치로 높일 수 있을까"를 고민해야 하는 것이다. 아직 무언가에 도전해보지 않은 사람들도 마찬가지이다. "뭘로 돈을 벌까"가 아닌 "어떻게 하면 세상과 타인에게 가치를 전할 수 있을까?"를 고민해야 한다.

부자가 되고 싶다면 '돈'을 쫓기 이전에 '가치'를 쫓아라. 당신이 타인의 문제를 해결해주고, 누군가의 삶을 풍요롭게 하며, 세상에 없던 즐거움을 선사할 때 돈은 당신이 원하지 않아도 자연스레 당신을 찾아올 것이다. **단언컨대 돈을 쫓는 자는 평생 돈의 노예로 살지만, 가치를 창조하는 자는 돈을 부리는 주인이 될 것이다.**

**4**

# 일을 제대로 하지 말고,
# 제대로 된 일을 하라

책을 읽다 보면 종종 인생 전체를 송두리째 흔드는 명문장을 만난다. 그저 종이 위에 박힌 검은 활자로 치부하기에는 그 안에 담긴 무게가 너무나 무거워 한참을 멈춰 서게 만드는 문장들이다. 내게는 현대 경영학의 아버지 피터 드러커Peter Drucker의 한마디가 그랬다.

"제대로 된 일을 하는 것이,

일을 제대로 하는 것보다 훨씬 중요하다."

이 문장을 마주하는 순간, 머릿속에서 번뜩이는 계산식이 그려졌다. 그렇다. 10의 효과를 만들어낼 수 있는 자잘한 일을 아주 꼼꼼히 처리해서 10을 채우는 것보다, 10,000의 가치를 만들어낼 수 있는 거대한 일을 시작해 절반만 해내는 것이, 산술적으로도 500배는 더 가치 있는 일이다.

우리는 흔히 100%의 완수율에 집착하며 작은 일들을 '제대로' 해치우는 데 에너지를 쏟는다. 하지만 진정한 탈피를 꿈꾼다면, 100점을 맞을 수 있는 사소한 시험지들을 과감히 찢어버려야 한다. 대신 과락을 맞을지언정 인생의 판을 바꿀 수 있는 거대한 문제에 뛰어들어야 한다. 그것이 바로 '제대로 된 일'을 하는 것이다.

전에 파이프라인과 관련된 우화를 본 적이 있다. 산 너머 샘터에서 마을까지 물을 공급해야 하는 두 청년의 이야기다. 첫 번째 청년은 매일 커다란 양동이를 들고 물을 길어 날랐다. 그는 누구보다 성실했고, 더 많은 수익을 올리기 위해 더 큰 양동이를 샀으며 남들보다 한 시간 일찍 일어나 밤늦게까지 길을 오갔다. 마을 사람들은 그를 '성실의 표본'이라 불렀다. 하지만 그는 일을 제대로 하는 것에만 매몰되어 있었다. 그가 멈추는 순간 마을의 물 공급도, 그의 수입도 멈췄다. 그의 일은 양동이의 크기 정도를 벗어날 수 없던 것이다.

반면, 두 번째 청년은 양동이질을 최소화했다. 대신 남는 시간에 산에서 마을까지 이어지는 '파이프라인'을 설계하고 땅을 파기 시작했다. 첫 몇 달 동안 그는 한 방울의 물도 가져오지 못했다. 수입은 줄었고 마을 사람들은 그에게 아무런 기대를 하지 않았다. 하지만 1년 뒤, 파이프라인이 완성된 날 전세는 역전되었다. 첫 번째 청년은 골병이 들어 양동이를 들 힘조차 잃었지만 두 번째 청년은 잠을 자는 동안에도 파이프를 타고 흐르는 물을 통해 막대한 부를 쌓았다. 그는 '제대로 된 일'이 무엇인지 누구보다 잘 알고 있었다. 양동이를 빨리 나르는 기술이 아니라, 양동이가 필요 없는 세상을 만드는 선택을 한 것이다.

우리가 '제대로 된 일'을 선택하지 못하는 가장 큰 이유는 뇌의 보상 체계 때문이다. 당장 결과가 손에 잡히는 일을 해낼 때, 우리 뇌는 즉각적인 성취감이라는 도파민을 분비하기에 이 일을 놓기 힘들다. 또한 대체로 제대로 된 일은 남들이 하지 않는 일인 경우가 많다. 이런 일은 두려움이 앞선다. 선례가 많지 않고 누군가에게 물어보기도 쉽지 않기 때문이다.

제대로 된 일을 설명하기 위해 '더하기의 일'과 '곱하기의 일'을 설명하면 좋을 것 같다. 학창시절과 대학시절, 나는 돈이 부족할 때 종종 택배 상하차 아르바이트를 하곤 했다. 택배 상하차는 일당이 꽤나 쏠쏠했다. 특히 연휴 기간에는 곱절에 가까운 돈을 받기도 했다. 내가 상하차를 할 당시에 했던 일은, 택배 차량에 있는 박스를 컨베이어 벨트로 내리는 일, 또는 이와 반대로 올리는 일이었다. 물론 일을 하며 노하우들이 쌓이긴 했지만 단순 노동에 불과했다. 그리고 노하우가 쌓여 일을 더 수월하게 해도 몸값은 똑같았다. 나는 당시 초보였고, 경험도 몇 번 없던 파트타임 알바였는데 나보다 경험도 많고 실력도 좋은 분들이 나와 일당이 똑같았다. 1일차 8만 원, 2일차 8만 원, 3일차 8만 원… 시간이 지나도 같았다.

대학교 4학년 때에는 대전에 있는 스피치 연합동아리 회장을 맡은 적이 있다. 그때 나는 강연 기회를 만들기 위해, 고등학교들을 찾아다니며 강연 자리를 섭외하고, 동아리 회원들과 기획, 스피치 연습을 했다. 매주 대학 강의실에 모여 연습을 하고 서로 피드백을 주고 받았다. 그렇게 만들어진 우리의 몸값은 얼마였을까? 0원이었다. 심지어 강연 제안도 거절당하기 일쑤였다. 강연하고 싶은 마음은 굴뚝같은데 할 곳이 없어 지하철에서 2분 스피치를 했을 정도였다. 결국 유료 강연은 수락해주는 곳이 없어 무료로 강연을 다니기 시작했다. 하지만 경험이 쌓이고,

기획력과 강연 실력이 더해질수록 몸값이 높아졌다. 특히 기획에 대한 눈을 뜨자 몸값은 바로 높아졌다. 당시 나는 충남대학교에 재학하고 있었다. 대전에서는 나름 모두가 알만한 국립대였지만 수도권 대학에 비하면 네임밸류는 높지 않은게 사실이었다. 나는 이를 보완하고 강연의 퀄리티를 높이기 위해 인접해 있는 카이스트 학생들과 함께 강연을 기획했다. 그 결과 몸값뿐만 아니라 강연 수락확률도 높아졌다. 이전에는 0원이었다면 나중에는 시간당 10만 원 이상의 비용을 받은 적도 있었다. 이 일은 노동 대비 비용을 받는 게 아닌 내 기획과 아이디어, 강연력에 따라 몸값이 달라지는 곱하기 영역이었다.

나의 택배 상하차 시절을 돌이켜보면 내가 아무리 상자를 빠르고 정확하게 내려도 벌어들일 수 있는 돈의 한계가 정해져 있는 '더하기의 일'이었고, 대학 시절에 했던 강연은 정해진 비용이나 한계가 없는 '곱하기의 일'이었다. **부유해지고 더 빠르게 성장하기 위해서는, 일을 제대로 하는 것이 아니라 제대로 된 일을 해야 된다고 했다. 즉, 더하기 영역의 일보다 곱하기 영역의 일을 하는 것이 훨씬 중요하다는 것이다.**

또한 곱하기 영역의 일에 집중해야 하는 이유는 이 일은 다른 영역과도 시너지를 내기 때문이다. 대학생 때 갈고 닦았던 기획력과 강연력은 군인 시절 '정신전력 말하기 대회'에서 교육사령관 표창을 받을 정도로 유용히 활용했고, 작가가 된 이후에도 여전히 잘 쓰고 있다.

그렇다면 우리 일상에서 무엇이 양동이질 같은 더하기의 일이고, 무엇이 파이프라인을 구축하는 것과 같은 곱하기의 일인지 어떻게 구별할 수 있을까? 이는 다음의 3가지 질문을 통해 알아볼 수 있다.

**1. 몸값의 상승**
경험과 실력이 쌓였을 때 몸값이 10배 이상 증가하는가? 아니면 처음과 유사한 수준이거나 1~2배 사이인가?

**2. 확장 가능성**
내가 직접 움직이지 않아도 그 가치가 10명, 100명, 10,000명에게 동시에 전달될 수 있는가? 즉, 물리적 제약을 받지 않고 확장이 가능한가?

**3. 결합 가능성**
이 기술이나 결과물이 다른 분야와 만났을 때 새로운 가치, 더 큰 가치를 창출할 수 있는가?

이 질문에 '예'라고 답할 수 없는 일들은 모두 더하기의 영역이자 양동이를 나르는 일이다. 물론 생계를 위해 양동이를 들어야 할 때도 있다. 하지만 당신이 진정한 탈피를 원한다면, 하루 중 반드시 일부 시간은 양동이를 내려놓고 파이프라인을 만드는 일을 해야 한다.

우리는 어릴 적부터 무엇이든 성실히 하면 성공한다고 배웠다. 하지만 지금, 세상은 그 진리에 반문을 던진다. 그 무엇이 '무엇'인가? 10점짜리 일을 100% 완벽하게 해내는 사람은 '유능한 일꾼'이 되지만, 10,000점짜리 일을 50%라도 해내려 도전하는 사람은 게임의 체인저가 된다. 당신의 성실함을 더하기의 영역에만 가두지 마라. 양동이를 과감히 던지고 당신만의 파이프라인을 완공하기 위해 제대로 된 일을 선택하라. 그 선택의 반복이 당신의 잠재력을 폭발시킬 것이다.

# 5

# 대체 불가능한
# 존재가 되는 법

오늘 우리가 지금 하는 일을 그만둔다면 그 자리를 대신할 사람을 찾는 데 얼마나 걸릴까? 단 며칠 만에 공고를 내서 비슷한 수준의 사람을 구할 수 있다면, 안타깝게도 우리는 언제든 대체 가능한 부품에 불과하다. 부품의 운명은 정해져 있다. 더 싸고, 더 효율적인 부품이 나타나면 언제든 교체된다. 다소 차갑게 들리겠지만 이게 현실이다.

그러지 않기 위해서는 세상이 나를 필요로 하게 만들어야 하고, 나라는 존재 자체가 하나의 브랜드이자 장벽이 되어야 한다. 그리고 그것이, 진정한 탈피의 완성이기도 하다. '열심히' 하는 사람, '진정성 있게' 하는 사람은 많다. 하지만 '나만이 할 수 있는 방식'으로 결과를 내는 사람은 희귀하다. **안타깝게도 시장은, 성실함에 보상을 지불하지 않는다. 시장은 오직 희소성**Scarcity**에만 압도적인 보상을 지불한다.**

전쟁의 역사에서 성벽이 없거나 낮은 성은 적에게 함락되기 쉬웠다. 적들이 아무런 제약 없이 드나들며 내가 가진 것을 언제든 빼앗아 갈 수 있는 상태, 진입장벽이 전혀 없는 모습이다. 우리가 살아가는 세상도 이와 비슷하다. 당신이 남들보다 조금 더 부지런하다고 해서 안심해서는 안 된다. 성벽을 쌓지 않은 채 부지런히 곡식만 모으는 것은 결국, 나중에 침입한 누군가에게 내 모든 결실을 고스란히 바치는 꼴이 될 수 있다. 시장에서 나의 가치를 온전히 보전하고 독점적인 지위를 인정받기 위해서는, 남들이 감히 기어오를 수 없는 거대하고 단단한 성벽을 스스로 구축해야만 한다.

그럼에도 불구하고 많은 이들이 진입장벽이 낮은 일을 선호한다. 배우기 쉽고, 당장 성과가 보이며, 고통이 적은 일들이다. 하지만 당신에게 쉬운 일은 남들에게도 쉽다. 장벽이 낮은 곳에는 언제나 사람들이 들끓고, 그곳은 곧 피 튀기는 레드오션이 된다. 반면 진입장벽이 높은 일은 시작부터 고통스럽다. 하지만 그 높은 벽을 한 번 넘고 나면, 그 벽은 이제 당신을 공격하는 장애물이 아니라 뒤에서 당신을 지켜주는 든든한 요새가 된다.

대체 불가능한 가치는 '난이도 X 희소성'이다. 즉, 난이도가 높을수록 그리고 그 일을 할 수 있는 사람이 적을수록 당신의 몸값은 기하급수적으로 치솟는다. 남들이 기피하는 어려운 일, 시간이 오래 걸리는 일, 고도의 집중력을 요하는 일에 당신의 1년을 베팅해야 하는 이유가 바로 여기에 있다.

주변에서 흔히 볼 수 있는 동네 수선집 사장님과 명품 브랜드의 수선 장인을 비교해 보자. 두 사람 모두 '옷을 고친다'는 본질은 같지만 그들이 만들어내는 부가가치와 몸값은 하늘과 땅 차이다.

동네 수선집의 주 업무는 바지 밑단 줄이기나 떨어진 단추 달기다. 배움이 필요하기에 난이도는 낮다고 할 수 없으나 배우고자 하면 그리 오랜 시간이 걸리는 일은 아니기에 고난이도라고 할 수는 없다. 공급자가 넘쳐나니 당연히 희소성도 떨어진다. 고객은 '가장 가까운 곳' 혹은 '단돈 1000원이라도 더 저렴한 곳'을 찾아간다. 사장님에게는 가격 결정권이 없으며, 이에 따라 약간의 기술적인 비용과 육체적 노동 시간에 비례하는 공임비 정도를 가져간다.

하지만 럭셔리 명품 브랜드를 수선하는 장인은 어떠한가. 수천만 원을 호가하는 희귀 가죽의 결을 완벽히 복원하거나 기계가 흉내 낼 수 없는 장인만의 수작업 바느질을 완성한다. 이 경지에 오르기 위해 그는 남들이 쉬운 길을 찾을 때 골방에서 수만 번의 시행착오를 겪으며 고도의 집중력을 쏟아부었다. 난이도가 극상인 이 일을 해낼 수 있는 사람은 전 세계에 단 몇 명뿐이다.

고객들은 이 장인을 만나기 위해 비행기를 타고 건너오며, 수개월의 대기 시간을 기꺼이 감수한다. 그리고 장인이 부르는 가격이 곧, 시장의 가격이 된다. 장인들은 더 이상 가격 경쟁을 하지 않는다. 존재 자체가 대체 불가능한 가치가 되었기 때문이다.

그렇다면 어떻게 대체 불가능한 존재가 될 수 있을까? 몇십 년 간 담금질을 해야만 하는걸까? 한 분야에서 세계 1등이 되는 것은, 거의 불가능한 일이다. 하지만 MIX를 활용하면 이야기는 달라진다. MIX는 말 그대로 섞는 것이다. 이것은 다른 두 가지 이상의 기술이나 특징을 결합하여 나만의 독보적인 영역을 만드는 전략이다. 예를 들어, 단순히 글을 잘 쓰는 사람은 많다. 투자를 잘하는 사람도 많다. 하지만 '투자를 이해하기 쉽게 설명하고 비유하는 작가'는 희귀하다. 요리를 잘 하는 사람은 많다. 콘텐츠를 잘 만드는 사람도 많다. 하지만 '요리 콘텐츠'를 잘 만드는 사람은 희귀하다. 이렇듯 A에 B가 더해지면 **전략적 독점 상태**에 진입하게 된다.

나의 사례도 마찬가지였다. 나는 단순한 자기계발 크리에이터가 아니었다. 나의 경험을 콘텐츠화하되 '실행하는 독서'라는 주제와 '새벽 기상'이라는 고유한 나만의 특징을 결합했다. 책을 다루는 크리에이터는 많지만 나처럼 실행으로 옮겨서 '현실'을 반영해주는 크리에이터는 많지 않고, 나아가 그 메시지를 새벽에 전하는 크리에이터는 전무하다. 내가 가장 잘 할 수 있는 것과 내 고유한 영역이 결합되는 순간, 나는 시장에서 유일무이한 존재가 되었다. 그 덕에 'AM 04:30 리치파카의 새벽독서'라는 콘텐츠 시리즈를 만들 수 있게 되었고 나아가 작가가 되었다. 뿐만 아니라 나만의 스토리를 사업에도 연결시켜, 자기계발 브랜드도 만들 수 있게 되었다.

누군가가 만들어놓은 결과물은 엇비슷하게 따라할 수 있지만, 그 과정에서 겪은 시행착오와 좌절의 경험들, 그리고 그 사람만의 스토리는 그 누구도 복제할 수 없다.

일이 힘들고 어렵거나, 심지어 고통스럽기까지 한다면 기뻐

하라. 나홀로 그 길을 가고 있다면 더더욱 기뻐하라. 그 고통이 크면 클수록 당신의 진입장벽은 높아지고 있다는 뜻이고, 나홀로 그 길을 가고 있다면 특별하다는 뜻이다. 반대로 편안하고 안락한 길을 가고 있다면 경계하라. 스스로를 대체 가능한 부품으로 만들고 있는 중일지도 모른다.

대체 가능한 존재는 언제나 가격 경쟁을 해야 하지만, 대체 불가능한 존재는 가격을 스스로 결정한다. 힘들게 쌓았던 진입장벽이 가치를 만들어주기 때문이다. 시간이 흐르면 흐를수록, 당신을 추격하던 사람들은 당신이 쌓아 올린 장벽 앞에서 좌절할 것이다. 그리고 당신은, 그 높은 성벽 위에서 비로소 진정한 자유와 풍요를 누리게 될 것이다.

대체 불가능한 존재가 된다는 것은,
자유롭게 탈피한다는 것이다.

**6**

# 1+1을 10으로 만드는
# 연결의 힘

인류의 역사는 흔히 천재 한 명의 영웅담으로 기록되곤 한다. 토머스 에디슨Thomas Edison이 전구를 발명했고, 나폴레옹 Napoleon Bonaparte이 유럽을 정복했으며, 스티브 잡스Steve Jobs가 아이폰을 세상에 내놓았듯 말이다. 하지만 조금 더 자세히 들여다보면 새로운 진실이 모습을 드러낸다. 세상의 판을 바꾼 모든 거대한 성취 뒤에는 단 한 명의 천재성이 아니라 그들의 천재성에 날개를 달아준 동료들이 있었다.

인간 한 명의 시간과 에너지는 물리적인 한계가 명확하다. 하루 24시간이라는 자원은 모두에게 평등하며 아무리 잠을 줄

여도 개인이 직접 수행할 수 있는 업무량에는 한계가 존재한다. 평범한 사람들이 이 한계에 부딪혀 좌절할 때, 부의 궤도에 진입한 자들은 다른 공식을 활용했다. 그건 바로 나 혼자의 힘이 아닌, 타인의 역량을 활용하거나 공동 프로젝트를 통해 '시너지 효과'를 활용한 것이다.

전역한 이듬해이자 크리에이터로서 본격적으로 발을 내디뎠던 2023년 '시너지 효과'의 힘을 제대로 체감했던 일이 있다. 당시 크리에이터 동료들과 이야기를 나누다 퇴사 후 우리만의 일을 찾아가는 내용으로 강연을 해보는 게 어떻겠냐는 얘기가 나왔다. 그리고 그 중 한명이, 100명 또는 200명 앞에서 크게 강연을 해보는 게 어떻겠냐는 의견을 던졌다. 당시 우리는 SNS를 하고 있었지만, 그렇게 많은 사람을 모을 정도의 역량은 되지 않았다. 그럼에도 불구하고 우리는 도전해보기로 했다.

200명 앞에서 강연을 해보자는 목표를 정했고, 독립적인 나로 살아가는 컨셉이었기에 '셀프 플레이어Self-Player'라는 주제를 정했다. 한명의 작은 크리에이터가 200명을 모으기는 역부족이겠지만, 뜻이 맞는 일곱명이 모이자 200석의 좌석은 빠르게 완판되었다. 그리고 얼마 뒤 우리는 200명 앞에서 각자의 이야기를 전했다.

이때 느낀 것은 무언가를 하려고 할 때 '시너지 효과'를 낼 수 있는 것을 생각해보자는 것이다. 우리는 보통 무언가를 할 때 누군가와의 협업은 고려해보지 않은 채 혼자의 힘으로만 그것을 하려고 한다. 그러다 보니 안 될 것 같은 일은 너무나도 쉽게 포기한다. 분명 나의 부족한 부분을 채워줄 동료가 있다면 가능할 텐데 말이다.

이러한 원리를 잘 설명하는 명언이 있다.

> "나는 나 혼자서 100%의 노력을 쏟기보다,
> 100명의 노력을 1%씩 얻는 쪽을 택하겠다."

이 말은 미국의 석유왕이라고 불렸던 존 D. 록펠러John D. Rockefeller가 했던 말이다. 록펠러는 인류 역사상 가장 부유했던 개인으로 꼽힌다. 전성기 시절 그가 소유한 부는 당시 미국 전체 GDP의 무려 1/65에 달했다고 한다. 이 수치가 얼마나 비현실적인지 감이 오는가? 오늘날의 미국 경제 규모에 대입해 환산하면 무려 **6,000조 원**이 넘는 금액이다. 6,000억 원이 아니라 6,000조 원 말이다.

록펠러가 이토록 비현실적인 부를 일굴 수 있었던 비결은 그가 '혼자 일하는 법'이 아니라 '서로 다른 재능을 엮어 폭발적인 에너지를 만드는 법'을 누구보다 잘 알았기 때문이다. 록펠러는 원래 석유 전문가가 아니었다. 그는 16세에 농산물 중개업소의 서기로 일을 시작한 평범한 청년이었다. 하지만 그는 시장의 흐름을 읽는 눈이 탁월했다. 당시 석유 산업은 누구나 땅을 파서 기름을 얻으려 달려드는 '투기판'이었다. 록펠러는 이 혼돈 속에서 자신만의 강점인 '정교한 계산력'을 바탕으로 시스템을 구상했다.

그는, 석유를 정제하는 기술자 사무엘 앤드류스Samuel Andrews를 만났다. 앤드류스는 등유를 정제하는 탁월한 기술을 가졌지만, 사업적 수완은 없었다. 록펠러는, 앤드류스의 '기술'에 자신의 '전략과 자본'을 연결했다. 여기서 끝이 아니었다. 그는 철도왕 코넬리어스 밴더빌트Cornelius Vanderbilt와 협상하여 운송비를 획기적으로 낮췄고, 헨리 플래글러Henry Flagler라는 천재적인 법률가이자 전략가를 파트너로 영입했다.

록펠러는 각 분야의 최고들이 서로 맞물려 돌아가게 만드는 '연결의 설계자'였다. 그는 경쟁자들을 무너뜨리기보다, 그들을 자신의 시스템 안으로 끌어들여 '스탠더드 오일'이라는 거대한 네트워크를 완성했다. 록펠러 한 사람의 지능은 한계가 있었을지 몰라도 그가 연결한 전문가들의 지능 총합은 전 세계 석유 시장의 95%를 집어삼키는 거대한 괴물이 되었다. 이것이 바로 단순한 합 '1+1=2'라는 공식을 넘어선 1+1=10, 1+1=무한대의 힘이다.

록펠러가 석유 파이프라인으로 세상을 연결했다면, 현대의 천재들은 보이지 않는 비전으로 세상을 연결했다. 그 정점에는 스티브 잡스Steve Jobs와 스티브 워즈니악Steve Wozniak의 만남이 있다. 이들의 결합은 비즈니스 역사상 가장 완벽한 '상호보완적 연결'의 표본이다.

스티브 워즈니악은 조용하고 차분한 천재였다. 그는 혼자서 개인용 컴퓨터의 회로를 설계하고 조립할 수 있는 독보적인 기술력을 가졌지만, 그것을 어떻게 제품화하고 세상에 팔아야 할지에 대해서는 전혀 관심이 없었다. 만약 그가 혼자였다면, 그의 위대한 발명품은 캘리포니아의 어느 차고에서 먼지만 쌓인 채 잊혔을 것이다.

반면 스티브 잡스는 아이디어와 사람을 끌어당기는 기획형 리더였다. 그는 기술적 세부 사항에는 어두웠지만, 세상이 무엇을 원하는지 읽어내는 통찰력과 대중의 욕망을 건드리는 마케팅 감각을 가졌다. 잡스는 워즈니악의 기술이 가진 잠재력을 알아봤고, 그것을 '아름다운 제품'으로 포장하여 시장에 던졌다.

잡스가 "이걸 제품으로 내보자!"라고 비전을 제시하면 워즈니악은 "그럼 내가 설계해볼게"라며 실체를 만들어냈다. 그리고 워즈니악의 '실행력'과 잡스의 '비전'이 완벽하게 맞물린 순간, 전 세계 개인용 컴퓨터 시장을 장악하는 거대한 기폭제가 탄생했다. 나에게 없는 조각을 가진 사람과 연결될 때, 비로소 불완전한 개인은 완벽한 시스템으로 거듭난다.

우리가 지금 아이폰으로 콘텐츠를 만들고, 맥북과 아이패드를 활용해 책을 쓰며 업무를 보는 이 평범하고도 강력한 일상은 사실, 두 천재의 결합이 낳은 위대한 유산이다. 만약 이들의 시너지가 없었다면, 우리는 여전히 거대한 기계 장치 앞에서 복잡한 명령어를 입력하며 고군분투하고 있었을지도 모른다. 이처럼 연결은, 개인의 삶을 넘어 인류의 문법 자체를 바꾼다.

시너지는 억지로 끼워 맞추는 것이 아니라, 서로의 결핍을 채워주며 가치가 증폭되는 '전략적 정렬'이다. 록펠러가 그랬고, 잡스가 그랬듯 위대한 성취는 언제나 고립된 개인이 아니라 연결된 집단에서 나왔다.

당신의 1년 몰입이 당신을 매력적인 '1'로 만들었다면, 이제는 그 가치를 알아보고 함께 곱해질 수 있는 더 큰 '1'들을 찾아 나서야 한다. 나 혼자서 100%의 힘을 쓰는 것은 노동이지만, 100명에게서 1%씩의 힘을 모으는 것은 경영이다.

성공은 혼자서 연주하는 독주곡이 아니라, 세상의 다양한 재능을 적재적소에 배치하여 하모니를 만드는 '오케스트라'다. 탈피하는 과정에서 함께 연주할 최고의 파트너들을 만나고, 그들과 연결되자. 그들의 재능이, 우리의 재능 또는 비전과 맞물려 돌아가기 시작하는 순간, 엄청난 승수효과Multiplier Effect를 맛볼 수 있을 것이다.

**7**

# 시간을 사는
# 기술

 

자본주의 사회에서 부의 격차는 결국 '시간을 어떻게 다루느냐'에서 결정된다. 가난한 자는 자신의 시간을 팔아 돈을 벌고, 부유한 자는 돈을 써서 타인의 시간을 사고 이를 통해 더 큰 돈을 번다. 전자는 자신의 물리적 노동력이라는 한정된 자원에 갇혀 있지만, 후자는 타인의 시간과 시스템이라는 무한한 레버리지를 활용하는 셈이다. 우리나라 대표기업 삼성전자의 직원 수는 2026년 기준 124,996명이라고 한다. 삼성전자의 이재용 회장은 10만 명이 넘는 인력을 레버리지하고 있는 셈이다.

영국에서 가장 빠르게 부자가 된 사람 중 한 명인 롭 무어

Rob Moore는 그의 저서《레버리지》에서, 사람은 다음 둘 중 하나로 나뉜다고 말했다. 레버리지를 하거나 레버리지를 당하거나. 그리고 상위 1%의 부자들 중 그 누구도 레버리지를 당하는 즉, 고용 당하는 사람은 없다고 말한다. 부유한 사람들은 공통적으로, 누군가의 시간과 노력을 레버리지하는 것이다.

레버리지를 말하면 이런 의문이 들기도 한다. "나는 아직 회사의 대표나, 누군가를 고용할 만한 상황이 아닌데…" 그러나 사람을 채용하는 것도 레버리지이지만, 특정 일을 위임하거나 프로젝트의 일부를 위임하는 것도 하나의 레버리지이다. 세차를 직접하기보다 누군가에게 맡긴 뒤, 그 시간에 자기계발이나 나를 성장시킬 수 있는 공부를 하는 것도 레버리지이고, 프리랜서 고용 플랫폼을 통해 일부 일을 위임하는 것 또한 레버리지이다. 즉 누군가의 시간을 사는 행위 자체가 레버리지라는 것이다.

또한 많은 이들이 위임을 주저하는 이유는 당장 눈앞에 나가는 돈을 '지출'이라고만 생각하기 때문이다. 하지만 이 인색함이 당신의 성장을 가로막는 가장 큰 벽이다. 이를 깨닫기 위해선 먼저 '현재 나의 정확한 시급'을 계산해야 한다. 계산법은 간단하다. 지난달 당신이 벌어들인 총수익을 총 노동 시간으로 나누는 것이다.

만약 당신이 한 달에 350만 원을 벌고, 월 180시간을 일한다면 시간당 몸값은 350만 원/180시간 = 약 1만 9,444원이다. 당신이 시급 1만 원 초반대로 맡길 수 있는 단순 작업을 매번 직접한다면 레버리지 개념을 역행하는 것이다. 레버리지 개념을 적용하여 효율적인 시간을 보내려면, 시간당 몸값보다 낮은 금액으로 위임할 수 있는 것들을 과감히 위임하고, 내 시간당 몸값을 더 높여주는 일에 집중해야 한다. 즉, 위임은 돈을 쓰는 것이 아니라 나의 몸값을 높이기 위한 전략적 매수인 것이다.

내 시간당 몸값을 계산했다면 그 다음 단계는 나의 업무를 분류하는 것이다. 반드시 내가 해야할 일과 그렇지 않아도 되는 일로 말이다. 나는 매일 스스로에게 묻는다. **"이 일은 꼭 내가 해야만 하는 일인가?"** 나의 경우, 내 스토리를 담은 콘텐츠를 기획하고 강연을 통해 메시지를 전달하는 것은 오직 나만이 할 수 있는 핵심 영역이다. 제품을 런칭할 때 내 경험을 녹여 스토리를 설계하는 것 역시 대체 불가능한 나의 일이다. 하지만 그 콘텐츠를 편집하고, 주문된 제품을 포장하여 발송하고, 고객의 문의에 응대하는 일은 다른 사람이 충분히 할 수 있는 일이다.

현재 내가 판매하는 제품들은 '3PL(제3자 물류) 업체'가 주문 수집부터 발송까지 전 과정을 도맡아 한다. 나는 제품을 포장하고 박스에 테이프를 붙이는 대신, 한 달 치 물류 비용을 지불하면 된다. 영상 편집 같은 경우도 마찬가지다. 직원이나 프리랜서에게 영상 편집을 요청하고, 나는 검토 및 피드백을 한다. 물론 당장의 비용이 들기에 누군가는 이를 '지출'이라 부르겠지만, 나는 이를 더 큰 가치를 만드는 '매수'라고 생각한다. 나의 시급보다 저렴하게 위임할 수 있는 일이라면, 그 비용으로 타인의 시간을 사서 확보된 내 개인 시간은 나의 본질적인 가치를 높이는 곳에 재투자하는 것이 더 빠른 성장을 위한 일이기 때문이다.

시간을 사는 기술은 비즈니스에만 국한되지 않는다. 우리 부부는 일주일 중 하루 이모님의 도움을 받아 집안일을 해결한다. 함께 사업을 꾸려가며 일하는 시간이 절대적인 우리에게 가사 노동의 레버리지는 선택이 아닌 필수다.

또한 레버리지는 단순히 돈으로 사람을 매수하는 차가운 일이 아니라, 서로가 윈윈하는 따뜻한 일이기도 하다. 내 아내는 이모님이 오시는 날이면 출근 전 드실 간식을 정성껏 챙겨두고, 작은 쪽지를 남긴다. 때로는 작은 선물을 건네며 진심 어린 감사를 전한다. 그리고 나는 이모님을 마주칠 때 "저희가 바빠서 챙기지 못한 부분을 도와주셔서 정말 감사합니다"라며 정중히 인사를 한다. 이모님도 자녀들을 다 키우고 소일거리가 마침 필요했는데, 덕분에 재미있게 일을 하고 있다고 말씀하신다. 이러한 관계는 단순한 고용 관계를 넘어 따뜻한 유대감을 만든다.

따뜻한 레버리지에 대해 큰 깨달음을 얻은 적도 있다. 플랜비 출판사의 최익성 대표님을 인터뷰했을 때의 일이다. 대표님은 위임에 대해 이렇게 말씀하셨다.

"중요하지 않지만 긴급한 일은 마땅히 그 일을 해줘야 할 사람에게 위임해야 합니다. 그런데 중요한 건, 나에게는 중요하지 않은 일일지라도, 그에게는 중요한 일로 비춰지게 만드는 작업을 해야 한다는 거예요. 나에게 가치가 없다고, 상대에게도 가치가 없는 일이 되면, 그는 그저 허드렛일을 하는 사람이 될 수밖에 없습니다."

이것이 바로 위임의 품격이다. 내가 하기 싫은 잡무를 누군가에게 '떠넘기는Dumping' 것이 아니라 그 업무가 시스템 전체에서 어떤 가치를 지니는지 설명하고 상대가 그 일에 자부심을 느끼게 하는 것. 내가 고귀한 일을 하기 위해 상대를 부리는 것이 아니라 우리가 각자의 위치에서 최선의 시너지를 내기 위해 역할을 나누는 파트너십으로 접근해야 한다. 상대를 존중하지 않는 레버리지는 결코 지속될 수 없기 때문이다.

이것이 최익성 대표님이 말한 진정한 의미의 레버리지가 아닐까 싶다. 나는 소중한 시간을 확보해 더 큰 가치를 창출하고, 내 일을 도와주는 누군가는 자신의 노동에 대한 정당한 대가와 존중을 받는 관계 말이다. 서로가 서로의 삶을 돕고 있다는 따뜻함을 느끼는 관계, 그것이 자본의 냉정함을 이기는 '인간적인 레버리지'가 아닐까 싶다.

시간을 사는 기술을 익히는 순간 우리는 비로소 돈을 활용할 줄 아는 사람, 돈보다 시간이 더 중요함을 깨달은 사람이 된 것이다. **그리고 그 투자와 레버리지의 경험들은 결국 당신에게 '자유'를 선물해줄 것이다.**

# 가난의 대물림은
# 내 선에서 끝낸다

탈피한 우리에게 찾아오는 가장 큰 변화 중 하나는 가난을 해결할 수 있는 힘이 생긴다는 것이다. 그 변화의 속도가 가팔라진다면, 우리는 가족을 돕거나 가난의 대물림을 끊어낼 수 있다. 나 또한 그것이 삶의 목표 중 하나이다. 우리 집은 늘 어려웠고, 희망이 보이지 않았다. 집안 상황은, 나와 형이 성인이 된 이후에도 좀처럼 나아지지 않았고, 1년, 2년, 5년, 10년이 흘러도 가난의 고리는 끊기지 않았다. 물론 내가 학생이었을 때에 비하면 많이 나아졌지만 여전히 부(富)와는 너무나도 멀게만 느껴졌다. 하지만 내가 한 계단 한 계단 올라갈수록 점차 희망이 보이기 시작했다. 그리고 최근에는 가난의 대물림을 끊어낼 수 있겠다는 확신이 들기도 한다.

가난을 끊어내고 싶다는 생각에 불을 지펴준 계기가 있다. 전역 2년차 무렵이었을까? 나는 휴식 차원에서 고향 대전에 내려갔고, 엄마의 출근길을 함께 하기로 했다. 엄마는 청소 일을 하신다. 새벽 6시부터 낮까지 하는 청소가 엄마의 직업이다. 엄마의 손을 붙잡고 오순도순 얘기를 하며 엄마의 일터로 걸어갔다. 콘텐츠 크리에이터인 나는 '엄마 출근길 브이로그' 컨셉으로 콘텐츠를 한편 찍어볼까 하는 생각에 휴대폰 카메라를 열었다. 어둑어둑한 새벽 출근길. 가면서 길을 찍기도 하고, 나와 엄마의 모습도 찍으며 대화를 나누기도 했다. 대화를 나누다 보니 금세 엄마가 일하는 오피스텔 건물에 도착을 했다.

엄마는 "엄마 일하는데 한 번 보고 갈래?"라고 별 의도 없이 말을 건넸다. 나는 "좋아요! 시간도 여유 있고요"하고 건물로 들어섰다. 작지 않은 이 건물을 엄마 혼자 청소한다는 생각에 마음이 조금 아프기도 했다. 엄마는 "엄마 쉬는 데도 한번 볼래?"라고 말하며 휴게실의 문을 열었다. 순간 나는 너무 당황했다. 내가 생각한 휴게실은 전기장판이나 따뜻한 난로가 있고, 간식들도 간단히 놓여있는 그런 휴식 장소였다. 그러나 휴게실인 줄 알았던 그곳은 청소도구함에 가까웠다. 1평이 채 안될 것 같은 곳. 그곳에는 접이식 의자가 하나 놓여있었다. 눈물이 핑 돌았다. 힘든 청소 일을 하는 것도 마음이 좋지 않았는데, 도저히 휴식장소 같지 않은 곳에 엄마가 앉아있는 모습을 상상하니 마음이 미어졌다.

엄마 앞에서 가까스로 눈물을 참고, "엄마. 나 이제 갈래요. 이따봐요."하고 건물을 나섰다. 엄마가 시야에서 사라지자마자 눈물이 터져버렸다. 살면서 흘렸던 가장 뜨거운 눈물 중 하나였다. 30대 중반이 다 되어가는 다 큰 남자 어른은 엉엉 울면서 집으로 왔다. 가벼운 마음으로 만들려했던 출근 브이로그는 다시는 꺼낼 수 없는 영상이 되었다.

그렇게 집에 돌아온 나는 나 자신과 약속을 했다. 반드시 엄마를 가난에서 탈출시켜주겠다고. 평생 가난하게만 살았던 우리 집, 내가 한번 일으켜보겠다고 말이다. 가난을 돌파하기 위해 가족 구성원 중 적어도 한 명은 알을 깨고 나와야 한다. 한 명이라고 얘기하는 이유는 사실상 가족 구성원 모두가 각자 스스로 가난을 끊어내기란 거의 불가능하기 때문이다. 저주의 말이 아니라, 가난한 집안의 구성원들은 대부분 부의 원리를 모르고 있다. 모르고 있기에 부모세대에서도 부자가 되지 못한 것이고, 부모도 그 방법을 모르기에 자녀들에게 교육을 해줄 수가 없다. 해줄 수 있는 말이라고는 "열심히 살아라", "성실히 살아라" 정도일 것이다. 왜 책을 읽어야 하는지, 어떤 행동을 해야 돈을 많이 벌 수 있는지 부모세대도 안해봤기에 알려줄 수가 없다.

실제로 부유층과 빈곤층의 독서량은 차이가 크다. 문화체육관광부에서 발표한 국민 독서 실태에 따르면 월 소득 500만 원 이상 가구의 독서율은 50%가 넘는 반면, 소득이 낮아질수록

독서율은 급격히 하락하여 200만 원 미만 가구에서는 10%가
채 안 된다고 한다.

**하지만, 부모님이 알려주지 않았다고 아무 것도 안하며, 하염없
이 부모님만을 원망할 것인가?** 적어도 이 시대에 사는 사람들은
그런 불평을 해서는 안된다. 마음만 있으면 도서관에 가서 원없
이 책을 읽을 수 있고, 이미 성공을 경험한 사람들이 그들의 경
험, 지식, 노하우를 유튜브에 아낌없이 풀어놨다. 부모가 떠먹
여주지 않아도 얼마든 정보를 얻을 수 있는 것이다. 그런 정보를
찾아서 부자가 되어야 한다는 말. 이 말 또한 정보이긴 하다. 부
모에게 일찍 배웠으면 좋았겠지만, 그렇지 않은 독자라면 스스
로라도 깨닫고 가난을 끊어내길 바란다.

이 책을 읽고 있는 독자라면, 그리고 이 책의 끝자락인 이 부
분을 읽는 독자라면 참 다행이다. 부를 얻을 수 있는 방법을 깨
달았다는 것은 물론이고, 실행까지 하고 있는 사람일 테니 말이
다. 가족들에게 이런 정보를 공유하는 것도 좋은 방법이다. 하
지만 당신의 생각대로 가족들이 따라올 확률은 굉장히 낮다.
당신이 가난으로 가던 배의 뱃머리를 돌리려 하고, "함께 돌려
보자"라고 말을 해도 그들은 "가던 길로 그냥 가자"라고 할 것이
며, 당연히 계속해서 살던 대로 살 것이다. 만약, 당신의 의견을

동의하고 따라와 준다면 굉장한 행운이다. 나 또한 가족들에게 책을 읽는 것의 중요성, 가난했던 우리 집도 분명 부유하게 살 수 있다는 말을 전해봤지만 잘 통하지 않는다. 그래서 나는 억지로 가족들을 설득하느니, 내가 선장이 되어 뱃머리를 돌리기로 마음 먹었다. 외롭겠지만 원래 선장은 외로운 법이다. 장교 시절, 장군님들이나 높은 분들과 이야기를 나눌 때 누누이 들었던 말이기도 하다. 지휘관은 외로운 법이라고.

나는 우리 집을 일으켜 세우는 그날까지 묵묵히 가려고 한다. 마음의 준비는 하고 있다. 분명 거친 파도를 만날 것이고, 비바람도 만날 것이다. 최악의 상황에는 배가 좌초되기도 할 것이다. 뱃머리를 돌리는 과정에서 손바닥이 벗겨지고 고통스럽기도 할 것이다. 아니 분명 그럴 것이다. **그럼에도 나는 갈 것이다. 이 배의 뱃머리는 내가 아니면 그 누구도 돌릴 수 없다는 것을 알기에.**

내가 배를 타고 있듯 독자들도 각자의 배를 타고 있을 것이다. 가족들과 함께 뱃머리를 돌릴 수 있는 축복받은 배라면 서로를 응원하며 뱃머리를 돌리고, 만약 나처럼 선장이 되어야 하는 사람이라면, 잠시 외로움과 힘듦을 견디며 안간힘을 써서 뱃머리를 돌려보기 바란다. 한 명쯤은 나서야 하지 않겠는가. 행운을 빈다.

## 9

# 그 중 제일은
# 사랑이다

성공의 문턱을 넘어 '탈피'한 이들이 마지막으로 마주하는 질문은 결국 하나로 귀결된다. "당신은 당신의 일을 진심으로 사랑하는가?" 흔히 '사랑'이라고 하면 연인 사이의 애틋한 감정이나 가족 간의 희생을 떠올린다. 하지만 수많은 자산가와 성공한 리더들의 공통점은 자신의 일을 좋아하는 걸 넘어 사랑했다는 것이다. 위대한 성공은 이성적인 판단이나 천재적인 발상에서 나올 것 같지만 그 모든 기원은 사랑이다. 내 일을 얼마나 사랑하고, 그것에 모든 것을 걸만큼 진심인지가 성공을 판가름 짓는 관건이다.

사랑하지 않는 일을 하며 1,000시간, 10,000시간의 담금질을 견뎌낼 수 있는 사람은 없다. 설령 그 시간을 버틴다 해도, 그 끝에서 탄생한 결과물에는 사람의 마음을 움직이는 '생명력'이 깃들어 있을 수가 없다.

조선 정조 때의 문장가 유한준은 예술에 대한 애정을 이렇게 표현했다.

> "사랑하면 알게 되고, 알게 되면 보이나니, 그때에 보이는 것은 전과 같지 않으리라." (知則爲眞愛 愛則爲眞看 看則畜之而非狂也)

이 말은 본래 저명한 미술사학자 유홍준 교수의 《나의 문화유산답사기》를 통해 널리 알려졌다. 이 원리는 비단 예술뿐만 아니라, 우리가 하는 모든 사업과 일에 그대로 적용된다.

자신의 일을 사랑하지 않는 사람은 결코 그 일의 '디테일'을 발견하지 못한다. 그저 '돈을 벌기 위한 수단' 정도로만 일을 대하게 될 것이다. 반면에 일을 사랑하기 시작하면 보이지 않던 것들이 보이기 시작한다. 고객의 아주 작은 불편함이 가슴 아프게 다가오고, 제품의 사소한 오차가 눈에 밟히기 시작한다. **사랑이 관찰을 낳고, 관찰이 통찰을 낳으며, 그 통찰이 결국 대체 불가능한**

**'차이'를 만드는 것이다.** 사랑하면 알게 된다. 그리고 그때 보이는 세상은, 이전과는 본질적으로 다르다.

일본에서 '경영의 신'으로 추앙받는 故 이나모리 가즈오(稻盛和夫) 교세라 명예회장은 일에 대한 사랑을 단순한 열정을 넘어 '광기'의 영역까지 끌어올린 인물이다. 그는 지방대 출신의 무명 엔지니어로 시작해 세계적인 전자부품 기업 '교세라'를 창업했고, 일본 3대 통신사인 'KDDI'를 세웠으며, 파산 직전의 '일본항공JAL'을 단 2년 만에 부활시켰다. 그가 이토록 경이로운 성취를 반복할 수 있었던 비결은 단 하나, 바로 '일에 대한 지독한 사랑'이었다.

그는 제품을 만들 때 단순히 품질 규격을 맞추는 수준에 만족하지 않았다. 교세라 창업 초기, 텔레비전 브라운관용 부품인 'U자형 절연체'가 자꾸만 휘어지는 난관에 봉착했을 때의 일화는 유명하다. 수천 번의 실험이 실패로 돌아가자 그는 건조 가마 앞에 간이침대를 놓고 신제품을 자식처럼 품에 안고 잠을 청했다. 남들은 그를 미쳤다고 생각했지만 그는 제품을 자식만큼 사랑하고, 제품과 혼연일체가 될 때 비로소 문제가 해결된다고 생각했다.

그는 '손이 베일 듯한 완벽함'이라는 표현을 자주 사용했는데, 이는 제품의 마감이 너무나 치밀하고 예리하여 마치 갓 갈아낸 명검의 날처럼 서늘한 기운을 뿜어내야 한다는 뜻이다. 이나모리 가즈오는 숙련된 기술자가 정성을 다해 만든 물건에는 만든 이의 혼(魂)이 깃든다고 믿었다. 실제로 그가 만든 세라믹 부품들은 육안으로는 완벽해 보여도 그의 직관이 "아니야"라고 하면 여지없이 폐기되었다. 그는 기계의 작은 떨림이나 미세한 소리조차도 대화로 느낄 수 있을 만큼 일에 미쳐 있었다.

이러한 사랑의 경영은 78세의 나이에 맡았던 일본항공JAL 재건 프로젝트에서 정점에 달했다. 당시 JAL은 2조 3천억 엔이라는 천문학적인 부채를 안고 파산한 누구도 살릴 수 없다던 '난이도 극상'의 침몰선이었다. 하지만 그는 보수도 받지 않고 취임하여 직원들에게 단 한 가지만을 강조했다.

> "당신은 이 비행기를,
> 그리고 당신의 고객을 진심으로 사랑하는가?"

그가 기술적인 수치나 경영 전략보다 우선시한 것은 일에 대한 태도였다. 그리고 직원들이 자신의 일을 사랑하기 시작하자 불친절했던 서비스가 바뀌고 비용 절감이 자발적으로 일어났다. 결국 JAL은 단 2년 만에 역대 최고 흑자를 기록하며 화려하게 부활했다. 이것이 바로 이성적인 판단을 초월한 '사랑'이 만들어낸 기적이다.

우리는 여기서 중요한 진리를 발견한다. 그중 제일은 사랑이라는 것이다. 진정한 탈피, 진정한 도약은 사랑으로부터 나온다. 내 성장과 내 일을 '견딘다'라고 생각하지 말고, '나는 내 일을 진심으로 사랑하는가?', '나는 여기에 미쳐있는가'라고 스스로에게 질문해 보기 바란다. 지독하게 사랑하면 보이지 않던 디테일이 보이고, 이러한 사랑으로 빚어낸 결과물은 시장에서 단순히 소비되는 소모품이 아니라, 사람들에게 전율과 감동을 선사하는 예술품이 될 것이다. 당신이 지금 베팅하고 있는 그 1년이 고통스러운 인내의 시간이 될지, 아니면 위대한 탄생을 위한 사랑의 시간이 될지는 당신의 마음에 달려 있다.

# 10

## 미쳐 본 사람은
## 절대 과거로 회귀하지 않는다

2022년 이전의 나는 나름대로 노력하는 사람이었다. 새벽에 일어나 공부를 하기도 했고, 책도 열심히 읽었으며, 종종 잘 계획된 하루를 살아가기도 했다. 주변에서 보면 "성실하다"는 말을 들을 정도는 되었다. 그렇게 열심히 살면 잘 될 줄 알았다. 물론 나쁘지는 않았다. 소소한 성과들도 맛보았으니 말이다. **그런데 그때는 열심히와 미친 노력은 '질' 자체가 다르다는 걸 몰랐다.**

누구나 열심히는 할 수 있다. 시간이 날 때 책을 읽고, 컨디션이 좋을 때 계획을 세우고, 여유가 있을 때 운동을 한다. 하지만 미친 노력은 다르다. 시간이 나지 않는 건 없다. 시간을 만들어낸다. **컨디션이 좋았는지 안 좋았는지도 신경을 못 쓸만큼 목표와 계획에 푹 빠져있다. 기분이 나빠도 한다. 상황이 안 좋아도 한다. 그냥 한다. 미친 노력은 그야말로 제정신이 아닌 것이다.**

무언가에 한번이라도 미쳐 본 사람은 그 간극을 안다. 그냥 열심히 하는 것과 미쳐있는 것의 차이를. 그리고 경험이 어떤 감정을 선물해주는지도 안다. 2022년, 나는 미쳐있었다. 새벽 4시 30분, 알람이 울리면 총알같이 튀어나갔다. 긴급상황에 군인들이 출동하듯 내 목표를 향해 매일 같이 튀어나갔다. 긴급출동하는 군인이 외모나 옷매무새를 신경 쓰겠는가? 눈을 뜬 나에게는 오로지 출동 즉, 내 목표에 관한 것만 보였다.

올해 1년만큼은 이 세상에서 그 누구보다 열심히 살자는 생각으로 하루하루에 임했고, 스스로 감동을 느낄 정도로 살아보자고 했다. 잠이 드는 그 순간은 늘 미소가 지어졌다. 어쩌면 이렇게 뿌듯하게 살 수 있을까라는 생각으로 침대에 누웠고, 눈꺼풀은 무거웠지만 마음은 늘 설레고 가벼웠다. 그리고 또 다시 새벽 4시 30분, 새로운 하루로 출동했다. "힘들지는 않았나요?"라고 묻는다면… "잘 모르겠어요"라는 답변이 최선인 듯 하다. 힘들었는지 안 힘들었는지 진짜로 잘 모르겠으니 말이다. 내 역량 내에서 할 수 있는 최선을 다하다 보니 힘든지 안 힘든지, 피곤한지 안 피곤한지는 생각할 겨를조차 없었다.

그렇게 1년, 나는 돌아갈 수 없는 강을 건넜다. 미친 노력은 결과를 주기 전에 자신감과 자존감을 먼저 선물해준다. '이렇게까지 하는데 어떻게 안 되겠어', '망하더라도 또 하면 되지 않나'라는 생각이 머릿속을 지배한다. 그리고 무엇보다 나를 믿게 되었다. **한 번 모든 것을 쏟으며 혼신의 힘을 다해본 사람은, 절대 다시는 무기력과 나태함으로 돌아가지 못한다.** 내면의 성장과 탈피를 거치면 후진이 안 되기 때문이다. 모든 면에서 업그레이드된 나의 모습은, 억지로 과거로 돌리려 해도 되돌릴 수가 없다. 그때 깨달았다. **1년간 모든 것을 걸어보는 경험은 정체성을 갈아끼우는 과정이라는 것을.**

독자들도 이 책을 읽은 후, 그 1년을 경험해 본다면 이전과는 완전히 다른 사람, 새로운 기준을 가진 사람이 되어 있을 것이다. 또한 세상을 바라보는 시야 자체가 근본적으로 달라져 있을 것이다. 이때부터는 전에는 두려움의 대상이었던 장애물이 성장을 위한 디딤돌로 보이고, 남들이 불평만 늘어놓는 상황 속에서 당신은 해결책을 찾을 것이다. 누군가 나를 아무리 막아서려해도 그의 방해는 그저 스쳐 지나가는 바람에 불과할 것이다.

각성-결단-몰입-탈피를 택한 당신의 인생은 다시 시작되었다. 과거의 나는 죽었고, 인생 2라운드가 시작되었다. 나태하고 안일했던 모습은 벗어던져진 허물이 되었고, 새로운 날갯짓을 할 일만 남았다.

이 책의 마지막 메시지는 나의 첫 책《부자들의 서재》와 같은 메시지로 마무리하려 한다. 마음을 파고드는 이 메시지는, 프리드리히 니체의 명언이자 내 삶의 이정표가 되어주는 문장이기도 하다.

> "지금 이 인생을 다시 한 번
> 완전히 똑같이 살아도 좋다는 마음으로 살라."

후회 없는 삶, 매 순간이 찬란한 삶, 가슴이 뛰는 삶, 매일 눈을 뜨는 것이 기대되는 삶, 그 과정을 사랑하게 되는 삶을 살라. 이를 위해 "딱 1년만 미쳐라." 그 이후의 삶은, 더 큰 나로 다시 태어나는 탈피의 연속일 것이다.

《딱 1년만 미쳐라》를 끝까지 읽어주신 독자 여러분께 진심으로 감사드립니다. 여러분의 시간이 결코 허투루 쓰이지 않기를 바라는 마음으로 한 글자 한 글자 꾹꾹 눌러 썼습니다. 이 책과 함께한 시간이 여러분에게도 의미 있는 시간이었기를 바랍니다. 마지막 장까지 읽은 여러분은 이미 결심했고, 이미 실행한 사람입니다. 그 의지와 실행력에 먼저 박수를 보냅니다.

저는, 돈이 없다는 것이 얼마나 많은 선택지를 빼앗아가는지, 사람을 얼마나 작아지게 만드는지 몸으로 뼈저리게 느꼈습니다. 어쩌면, 여러분도 비슷한 경험을 가지고 계실지 모릅니다. 혹은 그런 삶을 반복하지 않기 위해 오늘도 치열하게 살아가고 계실지도 모르겠습니다. 그래서 저는 이 책의 제목을 《딱 1년만 미쳐라》라고 정했습니다. **지독한 가난과 무력감을 끊어내는 유일한 방법은 결국, 미친 듯이 몰입한 1년에서 비롯되었기 때문입니다.**

전역 발표가 나고 '딱 1년만 미쳐보자'고 다짐한 지 어느덧 4년이 흘렀습니다. 그때의 저는 두려움 반, 설렘 반을 안고 있던 평범한 청년이었습니다. '과연 가난을 벗어날 수 있을까?', '내 인생도 한 번쯤은 달라질 수 있을까?' 의심은 많았고 두려움도 컸지만, 저는 결단과 몰입을 선택했습니다. 과거의 아픔에 반기를 들고 싶었고, 사랑하는 사람들을 지켜낼 힘을 갖고 싶었습니다.

그래서 책을 읽었고 사람을 만났습니다. 습관을 바꿨고 새벽의 고독을 견뎠습니다. 그당시 하루하루는 보잘 것 없었습니다. 열심히 만든 콘텐츠는 아무도 보지 않았고, 현실은 쉽게 바뀌지 않았습니다. 흔들릴 때도 많았습니다. **그래도 한 가지는 지켰습니다. 꾸준함이었습니다.**

그리고 어느 순간, 보이지 않던 변화가 조금씩 드러나기 시작했습니다. 그때 알게 되었습니다. 치열하고 지독한 노력이 모이면, 인생의 뱃머리가 서서히 방향을 튼다는 것을요. 성장은 J-커브를 그리며 나타난다는 것을 깨달았던 때이기도 합니다. 그

1년은 제 인생에서 가장 미쳤었고, 동시에 가장 찬란한 시간이었습니다. 저는 그 시간 덕분에 완전히 다른 사람이 되었습니다.

그 경험을 통해 분명히 깨달았습니다. 사람의 인생을 바꾸는 것은 재능도, 운도 아니라는 것을요. 생각 하나, 습관 하나, 결심 하나가 결국 쌓이고 쌓여 인생의 궤도를 바꾼더군요. 그 과정을 '각성-결단-몰입-탈피'라는 네 단계로 정리한 것이 바로 이 책입니다. 현실을 직시하고, 방해 요소를 끊어내고, 깊이 몰입하며, 새로운 모습으로 탈피하는 삶. 그것이 제가 경험한 방법이었고, 누구에게나 적용될 것이라 믿습니다.

혹시 지금 이 책을 덮으며 "정말 내가 할 수 있을까?" 라는 생각이 든다면, 그 마음이 바로 시작점입니다. 두려움은 가능성이 살아 있다는 증거입니다. **아무 기대도 없다면 의심조차 하지 않을 테니까요.** 다만, 한번 더 자신을 믿어주시기 바랍니다. 여러분은 분명 잠재력을 품고 있는 사람이고, 해낼 수 있습니다.

용기는 거창하지 않습니다. 알람이 울릴 때 일어나는 것, 미루고 싶을 때 한 번 더 하는 것, 남들이 타협할 때 한 발 더 나아가는 것입니다. 이 용기입니다. 그 용기를 잊지 않고 1년을 살아낸다면, 여러분의 인생은 분명 달라질 것입니다.

저 또한 새로운 1년을 다시 살아내겠습니다. 또다시 각성하고, 결단하고 몰입하며 탈피하겠습니다. 제가 원하는 곳에 도달할 때까지, 사랑하는 사람들을 온전히 지킬 수 있을 때까지 멈추지 않겠습니다. 그리고 그 과정을 여러분과 함께 하겠습니다. 제 경험을 콘텐츠와 글로 공유하며 새롭게 태어나는 분들이 지속할 수 있도록 돕겠습니다.

만약 이 책이 여러분에게 진심으로 다가왔다면, 어딘가에서 힘들게 버티고 있을 소중한 사람에게 이 책을 선물해주세요. 여러분의 마음 속에 생긴 작은 불씨를 건네주신다면 더욱 좋습니다. 큰 불이 아니어도 괜찮습니다. 사람은 작은 불씨 하나로도 다시 일어설 수 있으니까요.

저는 오늘도 새벽 루틴을 마치고 이 글을 씁니다. 내일도, 그다음 날도 새벽에 일어나 읽고, 쓰고, 도전할 것입니다. 여러분이 지치고 흔들릴 때, 이 책을 쓴 저 역시 같은 길 위에서 걸어가고 있다는 사실을 기억해주셨으면 합니다.

여러분의 1년 뒤가 기대됩니다. 어떻게 변화하셨을지, 어떠한 깨달음을 얻으셨을지, 너무나 궁금합니다. 1년 뒤의 내가, 지금의 나에게 "그때 결단하기를 너무 잘했어."라고 말할 수 있기를 간절히 바랍니다. 그럼 언젠가 만나뵐 때 탈피된 모습으로 웃으며 인사를 나눌 수 있기를 바라봅니다. 감사합니다.

– 리치파카(강연주)

**딱 1년만 미처라**

ⓒ 리치파카(강연주)

초판 6쇄 인쇄 2026년 3월 24일

**지은이** 리치파카(강연주)
**기　획** 조영훈
**편　집** 조영훈
**디자인** 김지혜
**마케팅** 정호윤, 김민지, 송유경, 김은주, 최서환
**펴낸곳** 모티브
**이메일** motive@billionairecorp.com

ISBN 979-11-24370-05-6 (03190)